Eike Pies • Löhne und Preise von 1300 bis 2000

Schriftenreihe
Quellen zur Familienforschung
hrsg. von Dr. Eike Pies

Band 3
Eike Pies
Löhne und Preise von 1300 bis 2000

Eike Pies

Löhne und Preise von 1300 bis 2000

Abhängigkeit und Entwicklung über 7 Jahrhunderte

VERLAG E. & U. BROCKHAUS • WUPPERTAL

Titelbild:
Marktszene,
Ausschnitt eines Holzschnitts aus dem „Kreutterbuch"
von Hieronymus Bock 1577

ISBN 3-930132-23-2

Vorwort

Menschen arbeiten, um ihren Lebensunterhalt bestreiten zu können. Sie müssen mit dem durch ihre Arbeit verdienten Geld vor allem Essen und Trinken, Wohnen und Freizeit sowie die Abgaben an den Staat in Form von Steuern für sich und ihre Familie bezahlen. Das Verhältnis von Löhnen bzw. Einkünften zu Verbraucherpreisen - in Abhängigkeit von Politik, Wirtschaft und Klima (Missernten) - entscheidet über Wohlstand oder Verarmung einer Bevölkerung.

Der Familiengeschichtsforscher wird bei seiner Quellenarbeit immer wieder auf ganz unterschiedliche Münzsorten sowie Angaben von Löhnen und Preisen stoßen, die er nur schwer einordnen und ins Verhältnis setzen kann. Was die Münzgeschichte im damaligen Vielstaatengebilde Deutschland vor 1871 angeht (siehe dazu S. 39 und S. 63), verweise ich auf das für Genealogen wichtige Standardwerk von Herbert Rittmann: *Deutsche Münz- und Geldgeschichte der Neuzeit bis 1914* (Solingen 2003).

Da ich bei der eigenen Archiv- und Literaturarbeit immer wieder auf aufschlussreiche Angaben von Löhnen und Preisen stieß, habe ich diese systematisch gesammelt und jetzt in diesem kleinen Buch zusammengestellt. Ferner konnte ich auch auf zwei zusammenfassende Veröffentlichungen zurückgreifen: Heinz Voigtlaender: *Löhne und Preise in vier Jahrtausenden* (Speyer 1994) und Wolfgang Trapp: *Kleines Handbuch der Münzkunde und des Geldwesens in Deutschland* (Stuttgart 1999).

Diese Publikation soll vor allem dem Familienforscher helfen, sich ein anschauliches Bild von Löhnen und Preisen in 7 Jahrhunderten zu machen. Dieser Zeitraum ist nicht zufällig gewählt. Zum einen gibt es zuverlässige Quellen zu Löhnen und Preisen im deutschen Sprachraum erst ab 1300 in ausreichendem Maße, zum anderen löste die Einführung des Euro die deutsche Mark zu Beginn des Jahres 2002 ab. Da die genealogischen Forschungsergebnisse in bürgerlichen Familien kaum über das 14. Jahrhundert hinausgehen und bis in die jüngste Zeit andauern, wird der Zeitrahmen dieses Nachschlagewerkes ausreichen, um die Arbeit des Familienforschers in geeigneter Weise zu unterstützen. Dennoch muss auch diese Sammlung beispielhaft bleiben. Wer mehr über Löhne und Preise in ganz bestimmten deutschen Fürstentümern oder Reichsstädten wissen will, der sollte sich in den zuständigen Landesarchiven anhand von Einnahme- und Ausgabebüchern informieren.

Dr. Eike Pies

Inhalt

Das 14. Jahrhundert

Von 1347 bis 1352 wütete eine große Pestepidemie in Europa. Etwa ein Drittel der Bevölkerung starb, wobei wegen der hygienischen Verhältnisse die Mortalitätsrate in Städten größer war als auf dem Lande. Da sich in den Städten die Überlebenden nahmen, was von den Toten ohne Erben zurückgelassen worden war, bildeten sich in der zweiten Hälfte des 14. Jahrhunderts in kurzer Zeit große Vermögen.

Weil in den Städten das häufig ohne Mühe erworbene Geld leichter ausgegeben wurde, stiegen hier Löhne und Preise. Die Arbeitskräfte wurden knapp, so dass es zu einer verstärkten Migration vom Lande in die Städte kam, da man hier leichter sein Brot verdienen konnte. Stadtluft machte frei – und wohlhabend. Handwerker erbauten prunkvolle Bürgerhäuser, und vor allem die reichen Kaufleute kleideten sich in Samt und Seide, so dass sich die Stadträte genötigt sahen, „Kleider-Luxusordnungen" zu erlassen. Da andererseits die Bauern auf dem Lande zu viele Nahrungsmittel für die dezimierte Stadtbevölkerung produzierten, kam es zu einem Preisverfall und einer Agrarkrise, was wiederum zu einer Landflucht führte.

Bei Handwerkern und Bediensteten kam zum Geldlohn vielfach noch die Verköstigung hinzu. Das heißt, ein Teil des Lohnes wurde in blanker Münze, ein anderer Teil in Naturalien gezahlt. Ein Meister erhielt Brot und Käse und mindestens 2 Liter Wein am Tag. Gesellen und Lehrlinge erhielten bei voller Kost ein entsprechendes Getränk.

Im Jahr wurde an etwa 260 Tagen gearbeitet. Da es keine freien Samstage gab, kamen zu den 52 Sonntagen demnach ebenso viele Feiertage hinzu. Man unterschied eine Sommerzeit mit 11 Arbeitsstunden und eine Winterzeit (vom 11. November bis 22. Februar) mit nur 9 Arbeitsstunden.

1385 gründeten die Kurfürsten von Köln, Mainz und Trier sowie die Pfalzgrafen einen Münzverein, der den „Rheinischen Goldgulden" herausbrachte. Dieser wurde zum Vorbild für die spätere Talerprägung.

Bei den nachfolgenden Angaben ist zu beachten, dass im damaligen Vielstaatengebilde Deutschland Gewichte, Maße, Münzen und Preise von Land zu Land, von Region zu Region und von Stadt zu Stadt unterschiedlich waren und der Reisende ständig die Landeswährungen umrechnen musste.

Köln

1 Mark (M) = 16 Schilling (ß) = 48 Witten = 96 Blaffert = 192 Pfennig (Pf)
1 ß = 3 Witten = 6 Blaffert = 12 Pf
1 Witten = 2 Blaffert = 4 Pf
1 Blaffert = 2 Pf

Es kostete(n):

um 1300	1 Pfund Butter	24 Pf
	1 Pfund Zucker	72 Pf
	1 Pfund Reis	24 Pf
	1 Pfund Salm	24 Pf
	1 Pfund Karpfen	24 Pf
	1 Stockfisch	48 Pf
	100 Heringe	384 Pf
	100 Äpfel	72 Pf
	1 Kaninchen	72 Pf
	1 Paar Schuhe	84 Pf

Hamburg und Lübeck

Es kostete(n):

um 1300	1 Pfund Butter	4 Pf
	20 Eier	1 ½ Pf
	1 Huhn (3 Pfund)	5 Pf
	1 Gans (10 Pfund)	12 Pf
	1 Schaf (30 Pfund)	4 ß
	1 Schwein (25 kg)	15 ß
	1 Kuh	22 ß
	1 Ochse	4 M
	1 Wirtschaftspferd	8 M
	100 kg Hafer	4 ß
	100 kg Roggen	6 ß
	100 kg Weizen	6 ß 6 Pf
	1 Paar Schuhe	3 ß
	1 Paar Stiefel	11 ß

Bamberg

1 Gulden (fl) = 20 Schillinge (ß) = 120 Pfennige (Pf) = 240 Heller

Es verdienten Zimmerleute, Steinmetze, Dachdecker und Maurer am Tag:

1328	ein Meister	im Sommer 22 Heller im Winter 18 Heller
	ein Geselle	im Sommer 16 Heller im Winter 14 Heller
	ein Handlanger	im Sommer 10 Heller im Winter 8 Heller

Dazu konnte der Bauherr nach Belieben am Samstag dem Meister 2 und den anderen 1 Heller Badegeld zahlen.

Mecklenburg

Es kostete(n):

1304	1 Pfund Butter 15 Eier	3 Pf 1 Pf
1309	100 Stockfische	4 M
1325	1 Mantel	16 Pf
1379	1 Pfund Pfeffer	6 ß
1384	1 Pfund Honig	4 ½ Pf

Es verdiente:

1361	ein Zimmermann am Tag	1 ß
1379	ein Zimmermann am Tag	1 ß 1 Pf
1381	ein Tagelöhner am Tag	1 ½ Pf und Kost
um 1380	ein Münzmeister im Jahr	268 M

Schleswig-Holstein

Durchschnittlich kostete(n):

bis 1375	110 kg Roggen	3,0 Schilling
	100 kg Gerste	3,5 Schilling
	100 kg Hafer	2,5 Schilling
	1 Wirtschaftspferd	4,75 Mark lübisch
	1 Ochse von rd. 300 kg	2,50 Mark lübisch
	1 Kuh	13,0 Schilling
	1 Schwein von rd. 31 kg	5,0 Schilling
	1 Schaf von rd. 30 kg	4,5 Schilling
	1 Huhn von rd. 1,3 kg	5,0 Pf
	20 Eier	1,3 Pf
	470 g Butter	2,0 Pf

Pfalzgrafschaft

1353 wurde für Pfalzgraf Ruprecht aus sächsischer Gefangenschaft ein Lösegeld von 60.000 Gulden bezahlt. Zu dieser Zeit kostete(n):

1353	1 Paar derbe Schuhe	1 ß 3 Heller
	6 Maß Wein	1 Pf
1357	1 Maß Wein	1 Heller

Wesel (Niederrhein)

Nach der Steuerliste der Stadt Wesel von 1372 musste ein Bürger für sein Haus eine Steuer von 1 M 6 ß zahlen.

Frankfurt/Main

Es verdiente:

um 1380	ein Maurer am Tag	im Sommer 40 Heller im Winter 32 Heller
	ein Handlanger am Tag	im Sommer 22 Heller im Winter 18 Heller
	ein Ratsherr für eine Ratssitzung	18 Heller
	Tagesreise eines Ratsherrn	60 Heller

Es kostete:

um 1380	1 Brot	1 – 2 Heller
	1 Fisch	1 Heller
	1 Pfund Rindfleisch	4 Heller
	1 Pfund Butter	2 Heller
	1 Schinken	5 Heller
	1 Rind	2 fl
	1 Pferd	10 fl
	1 Biberhut	72 Pf
	1 Elle Tuch	96 Pf
	Erlangung eines Meisterbriefs	2 fl
	Baugrundstück mit Abbruchhaus	175 fl

Nürnberg

Dass bereits im 14. Jahrhundert gewerbliche Häusermakler tätig waren, beweist u.a. das „Püchel von mein geslecht und von abentewr" des Nürnberger Kaufmanns und ersten deutschen Papierfabrikanten Ulman Stromer. Da heißt es u.a.: *Im Jahre 1368 am Abend vor Egidien kaufte ich mein Haus am Marktplatz von Friedel Schefflein für 1825 Gulden und 16 Pfund Haller Maklerlohn. Bis 1380 habe ich an die 1800 Gulden dort verbaut und bis 1394 nochmals etwa 600 Gulden ... Im Jahr 1370 vor Weihnachten kaufte ich meinen Hof hinter der Frauenkirche von Fritz Zenner für 200 Gulden und 5 Pfund Haller. Dazu kaufte ich von dem Geuder und von Prant Gross drei Häuschen für 192 Gulden. Den Hof mußte ich etwa 6 Schuh hoch mit Erdreich aufschütten, dort habe ich bis 1394 etwa 1100 Gulden verbaut. Die Weinstöcke setzte ich zu Pfingsten 1372.*

Köln

1 Gulden (fl) = 21 Weißpfennige oder Albi (A) = 40 Schillinge (ß)
= 252 Heller = 504 Pfennige (Pf) oder Denare (d)

Es erhielten als Tageslohn:

um 1390	ein Handwerksmeister	8 ß (= 96 Pf) mit Kost aber nur 48 Pf
	ein Geselle	5 ß (= 60 Pf) mit Kost aber nur 28 Pf
	ein Lehrling	3 ß (= 36 Pf) ohne Kost

Es kostete(n):

um 1390	1 Malter Roggen (146 l)	36 ß
	1 Malter Erbsen	1 fl 32 ß
	1 Ochse	7 fl
	1 Pfund Rindfleisch	1 ß
	1 Pfund Hammelfleisch	32 Pf
	1 Lammhälfte	8 ß
	1 Hase oder 2 Rebhühner	8 ß
	87 Eier	8 ß
	37 Heringe	8 ß
	26 Schollen	8 ß
	1 Karpfen oder Hecht	8 ß
	1 Pfund Reis oder Honig	32 Pf
	1 Hut Salz	2 fl
	1 Pfund Pfeffer	24 ß
	1 Pfund Safran	5 fl
	1 Pfund Federn	8 ß
	1 Zentner Blei	2 fl 8 ß
	1 Paar Schuhe oder 1 Kittel	8 ß
	1 Paar Hosen	38 ß
	1 Elle feines Tuch	16 ß

Das 15. Jahrhundert

Die Preise in diesem Jahrhundert stiegen nicht unaufhaltsam, sondern bewegten sich je nach wetterabhängigem Ernteergebnis und Wirtschaftslage wie Aktien nach oben und unten wie u.a. die nachfolgenden durchschnittlichen Getreidepreise zeigen, die in Deutschland bezahlt wurden:

	Preisangaben in g Feinsilber			
Jahr	**Roggen**	**Weizen**	**Hafer**	**Gerste**
1403	-	20,78	-	-
1408	-	27,20	-	-
1433	-	40,80	-	-
1435	17,34	20,04	12,01	17,74
1441	-	9,07	7,01	-
1468	14,65	20,40	18,01	13,30
1484	21,67	27,20	27,02	-
1485	14,45	23,80	21,02	-

Vor allem die „Schinderlingszeit“ (1458–1460) führte in den habsburgischen Ländern zu einer verheerenden Inflation.

1431 kam es zu ersten Bauernunruhen bei Worms. 1437 ging nach vernichtenden Frösten in Deutschland der bis Ostpreußen verbreitete Weinbau zurück. In Norddeutschland und Bayern kamen Hopfenanbau und Bierbereitung auf. 1445 erschien der erste Druck mit beweglichen Lettern von Gutenberg in Mainz. Hartmann Schedels Inkunabel „Liber Chronicarum“ (Weltchronik) vom Jahre 1493 – die Geschichte der Welt von der Schöpfung bis zur Gegenwart – kostete schwarz-weiß 2 und handkoloriert 4 Gulden (so viel kosteten 5 ½ schlachtreife Ochsen).

In der Soester Fehde (1444–1449) machte sich Soest von Köln unabhängig und schloss sich Kleve an. 1454 wurde in Sachsen eine Vermögenssteuer eingeführt. Jakob Fugger (1459–1525) „der Reiche“ machte sein Haus zur bedeutendsten Bank des europäischen Frühkapitalismus. 1476 schlug der Bischof von Würzburg die Bauernerhebung nieder. 1493 kam es zum Bauernaufstand unter dem Zeichen des Bundschuh im Elsaß.

60–80 Gulden (fl) im Jahr können ab der Mitte des 15. Jahrhunderts als übliche Einkünfte eines Mehrpersonenhaushalts gewertet werden. Jährliche Einkünfte von 30 fl galten als ausreichend. Ein regelmäßiges Einkommen von 50 fl lag erheblich über dem Durchschnitt eines unselbständigen kleinen Handwerkers. Jährliche Einkommen bis zu 100 fl galten als Spitzenlöhne, solche über 100 fl waren die Ausnahme.

Länder des deutschen Kaiserreichs

Im 15. Jahrhundert erzielten Großkaufleute Gewinnspannen von rund 25 %. Das entspricht einem Reingewinn von etwa 7 %.

Bremen

Beim Bau des Rathauses verdiente:

1405	ein Maurer oder Zimmergeselle	12–15 Schwaren
	ein Arbeitsmann	5- 6 Schwaren
	ein Meister	3- 4 Grote

5 Scherf = 1 Schware — 1 Mark = 32 Grote = 160 Schwaren = 384 Pfennige — 1 Grote = 5 Schwaren = 15 Pfennige.

Hamburg und Lübeck

Es verdiente:

1412	ein Bauhandwerker	16 Pf
1460	ein Bauhandwerker	32 Pf

Mecklenburg

Es verdiente:

1422	ein Schiffsmann pro Tag	2 Schillinge
	ein Schiffsknecht pro Tag	1 Schilling
1492	ein Schiffsknecht pro Jahr	6 Mark

Es kostete(n):

1492	1 Brot	3 Pf
	1 Pfund Butter	10 Pf
	1 Huhn	1 ß
	1 Paar Schuhe	2 ß 6 Pf

Um 1480:
Das Monatseinkommen eines Tagelöhners reichte aus z.B. für 1 Paar Schuhe, 6 Ellen Leinwand und 1 Arbeitsjacke. Sein Wochenlohn reichte für 2,5 l Roggen, 2 Pfund Kalbfleisch und 1 große Kanne Milch.

Frankfurt/Main

Es verdiente am Tag:

1425	ein Zimmermann	im Sommer 45 Heller im Winter 36 Heller
	ein Maurer	im Sommer 40 Heller im Winter 32 Heller
	ein Ofenbauer oder ein Strohdachdecker	im Sommer 36 Heller im Winter 27 Heller
	ein Arbeiter im Weinberg	10–14 Heller

Es kostete:

1425	1 Brot	2 Heller
	1 Fisch	1 Heller
	1 Pfund Butter	2 Heller
	1 Pfund Schinken	5 Heller
	1 Pfund Rindfleisch	4 Heller
	1 Rind	4 Gulden
	1 Pferd	20–24 Gulden

Aus der Verordnung des Frankfurter Rates über die Tageslöhne (um 1450):

Man soll zwei Zeiten im Jahr unterscheiden, nämlich die Sommerzeit, die mit Mariä Verkündigung (25. März) beginnt und bis Mariä Geburt (8. September) dauern soll, sowie die Winterzeit, von dem letztgenannten Marientag bis Mariä Verkündigung. Man soll jedem, der seinen vollen Lohn verdient hat, den vollen Lohn geben, und demjenigen, der weniger leistet, entsprechend seiner Leistung bezahlen.

Zimmerleuten und Schieferdachdeckern soll man während der Sommerzeit pro Tag 5 Schilling Heller ohne Kost geben oder 3 ½ Schilling Heller einschließlich einer Morgensuppe mit dem, was zu der jeweiligen Zeit dazugehört, sowie einem Mittagessen und einem Vesperbrot, aber kein Abendessen. Während der Winterzeit soll man pro Tag höchstens 4 Schilling Heller ohne Kost geben oder 3 Schilling Heller täglich einschließlich einer Morgensuppe mit dem, was zu der Suppe gehört, sowie einem Mittagessen und einem Vesperbrot, wie es zuvor geschrieben steht.

Straßenarbeiter erhalten im Sommer wie im Winter vier Englische ohne Kost und keinerlei Essen und Getränke.

Den Opperknechten während der Sommerzeit 2 Schilling ohne Kost oder 12 Heller, Morgensuppe, Mittagessen und Vesperbrot. In der Winterzeit 14 Heller ohne Kost oder 9 Heller einschließlich Morgensuppe und Mittagessen.

Den Lehrlingen der Schieferdachdecker während der Sommerzeit 12 Heller ohne Kost oder 6 Heller einschließlich Essen. Während der Winterzeit 9 Heller ohne Kost oder 4 Heller einschließlich Essen, wie es zuvor geschrieben steht.

Jeder Tagelöhner darf morgens zur Suppe und abends zum Vesperbrot nicht länger als eine halbe Stunde sitzenbleiben.

Weinbergarbeitern soll man, es sei im Garten oder auf dem Feld für Schneiden, Befestigen, Transportieren, Graben oder für die Aufrichtung der Weinspaliere von Petri Stuhlsetzung (22. Februar) bis St. Walpurgis (1. Mai) 18 Heller und von St. Walpurgis bis Mariä Geburt (8. September) 20 Heller und von Mariä Geburt bis Petri Stuhlsetzung 14 Heller und kein Essen geben. Während der Weinlese und des Kelterns darf man allerdings einem jeden nach eigenem Belieben darüber hinaus (mehr Lohn) mit oder ohne Essen geben.
Frauen und Mädchen für ihre Arbeiten wie Misttragen, Zweige ausbrechen, Befestigen, Rebenlesen und anderem von Petri Stuhlsetzung bis St. Walpurgis 10 Heller, von St. Walpurgis bis Mariä Geburt 12 Heller, von Mariä Geburt bis Petri Stuhlsetzung 10 Heller und kein Essen.

Ein Schneidergeselle erhielt um 1450 bei Arbeit im Hause des Kunden 12 Heller am Tag, ein Kürschnermeister oder -geselle bei Arbeit im Haus des Kunden 20 Heller pro Tag, jeweils einschließlich Kost.

1 Gulden = 24 Schilling Heller = 216 Heller
1 Englischer = 6 Heller

Es kostete:

um 1450	1 Achtel Roggen	130 Heller
	1 Achtel Weizen	149 Heller
	1 Brot	1–2 Heller
	1 Pfund Rindfleisch	4 Heller
	1 Pfund Hammelfleisch	3 ½ - 4 ½ Heller
	1 Pfund Schweinefleisch	5,6 - 7,3 Heller
	1 Pfund Butter	8–10 Heller
	1 Pfund Schmalz	6,8–8 Heller
	1 Maß Wein je nach Sorte durchschnittlich	10 ½ Heller
	1 Paar Schuhe	90 Heller
	1 Achtel Salz	216 Heller
	1 Pfund Wachs	34 Heller

Frankfurter Achtel = 114,74 Liter
Ein Frankfurter Schenkmaß = 1,59 Liter
Ein Frankfurter Pfund = 482,4 g
Eine Frankfurter Elle = 0,547 m

Hausmieten und Hauskosten:

um 1450	Hausmiete eines Maurers	jährlich 1,6 Gulden
	Hausmiete eines Bierbrauers	jährlich 4,0 Gulden
	Hausmiete eines Goldschmiedes	jährlich 10 Gulden
	Preis für ein einfaches kleines Haus	20-30 Gulden
	Preis für ein Handwerkerhaus	40-100 Gulden
	Preis für ein Patrizierhaus	800 Gulden

Bayern

1 Kreuzer = 4 Pfennig

Es verdiente pro Woche:

1430	ein Steinmetz	60 Pf
	ein Söldner	40 Pf
	eine Verwundetenpflegerin	40 Pf

Es kostete(n):

1430	1 Käse	2 Kreuzer
	4 Eier	1 Kreuzer
	1 Pfund Rindfleisch	1 Kreuzer
	1 Pfund Schweinefleisch	3 Kreuzer
1475	1 l Milch	1 Pf
	1 Pfund Mehl oder Rindfleisch	2 Pf
	1 Pfund Schmalz	7 Pf
	1 kg Roggen	1 Pf

Passau

Es kostete(n)

1446	1 Pfund Butter	4 Kreuzer
	1 Pfund Käse	2 Kreuzer
	1 Pfund Rind- oder Kalbfleisch	1 Kreuzer
	1 Pfund Schweinefleisch	3 Kreuzer
	4 Eier	1 Kreuzer 2 Pf
	1 Huhn	1 Kreuzer 1 Pf
	1 Scheffel Weizen	3 fl
	1 Scheffel Roggen	2 fl
	1 Scheffel Hafer	1 fl

1 bayerischer Scheffel = 222 l, fl = Gulden

Nürnberg

Tages-/Jahreslöhne von Nürnberger Steinmetz-Maurergesellen:

Löhne		1445	1464	1484
Winterlohn	Tag	15 d	16 d	18 d
	Jahr	1395 d	1488 d	1674 d
Sommerlohn	Tag	20 d	20 d	22 d
	Jahr	3440 d	3440 d	3784 d
Badegeld	Woche	3 d	3 d	2 d
	Jahr	156 d	156 d	104 d
Gesamt		4991 d = 31,6 fl	5084 d = 23 fl	5562 d = 22,1 fl

In Nürnberg wurde bei insgesamt 265 Arbeitstagen der Winterlohn vom 16. Oktober bis 22. Februar (= 93 Tage) und vom 22. Februar bis 16. Oktober der Sommerlohn (= 172 Tage) gezahlt.

Durchschnittliche Tagelöhne von Bauhandwerksgesellen und die daraus errechnete Kaufkraft:

Jahr	Durchschnittl. Tageslohn	Preis von 1 Simmer Korn	Arbeitstage für 1 Simmer Korn	Preis von 100 Maß Wein	Arbeitstage für 100 Maß Wein	Preis von 100 Pfd. Fleisch	Arbeitstage für 100 Pfd. Fleisch
1445	18,24 d	510 d	28,00	541 d	29,50	216 d	11,84
1464	18,60 d	285 d	15,30	700 d	37,60	228 d	12,30
1484	22,60 d	552 d	24,40	842 d	37,20	320 d	14,20

1 Simmer = 318 l = 231 kg Roggen   1 Maß = 1,069 l   1 Pfund = 475 bis 480 g

Gesindelöhne (zuzüglich Logis und Verpflegung):

Jahr	Stellung	Lohn im Jahr
1434	Kellerin der Zwölfbruderstiftung	4,00 fl rheinisch
1485	Lese- und schreibkundige Findelwärterin	10,00 fl rheinisch
1493	Säugamme	4,95 fl rheinisch
1494	Keller der Zwölfbruderstiftung	6,00 fl rheinisch
1496	Hausknecht	4,50 fl rheinisch

Bezüge von Geistlichen

Es erhielten nach der „Reformatio Sisgismundi" aus Pfründen jährlich:

1439	Priester, die eine Pfarrkirche versehen	80 fl
	Domherren „in ecclesia kathedrali"	80 fl
	Domherren „in ecclesia collegiata"	60 fl
	Benediktiner- und Zisterziensermönche	40 fl und 5,5 fl für Kleidung
	Äbte in derartigen Klöstern	80 fl
	Nonnen in Klöstern, die nicht Bettelorden sind	30 fl
	Äbtissinnen in derartigen Klöstern	50 fl

Trier (Kurfürstentum)

1467 erhielt der Nachrichter ein jährliches Gehalt von 12 Gulden. Dazu stellte er jede einzelne Maßnahme in Rechnung, d.h. für die „peinliche Frage", die Hinrichtung und für seine Aufwendungen für Lohn und Kost seiner Knechte. 1482 erhielt er für die Hinrichtung eines Straßenräubers durch das Schwert 4 Gulden.

Köln

1475 benötigte man in Köln 24 Gulden, um ein Jahr lang gerade das Leben fristen zu können.

Schleswig-Holstein

Gesindelöhne von einer Pinneberger Gutsherrschaft:

1464/65	Stellung	Lohn im Jahr
	Hofmeister und Müller	14 Mark 8 Schillinge
	Kuhhirt	9 Mark
	Hauskoch	7 Mark 3 Schillinge
	Türschließer	8 Mark 11 Schillinge
	Meierin	7 Mark 1 Schilling
	Schäfer	5 Mark
	Knecht und Fischer	7 Mark
	Magd	6 Mark
	Hacker	4 Mark
	Pferdehüter	2 Mark 8 Schillinge
	Schweinehirt	3 Mark
	Pförtner	1 Mark

Knechte und Mägde lebten im Haushalt ihres Arbeitgebers und wurden dort verpflegt. Zu den oben angeführten Löhnen kamen zu den Festtagen des Jahres noch Trinkgelder. Zu dieser Zeit bekam eine Schneiderin für das Nähen eines Rocks, eines Wams und einer Hose 5 Schilling und für das Nähen eines Hemdes 2 Schilling Nählohn.

Durchschnittlich kostete(n):

um 1376 bis 1450	110 kg Weizen	6,6 Schilling
	110 kg Roggen	6,0 Schilling
	100 kg Gerste	8,0 Schilling
	100 kg Hafer	4,0 Schilling
	1 Wirtschaftspferd	8,0 Mark lübisch
	1 Ochse von rd. 300 kg	4,0 Mark lübisch
	1 Kuh	22,0 Schilling
	1 Schwein von rd. 31 kg	15,0 Schilling
	1 Schaf von rd. 30 kg	4,0 Schilling
	1 Lamm von rd. 18 kg	4,0 Schilling
	1 Gans von rd. 4,5 kg	12,0 Pf
	1 Huhn von rd. 1,3 kg	5,0 Pf
	20 Eier	1,5 Pf
	470 g Butter	4,0 Pf
	1 Paar Schuhe	3,0 Schilling
	1 Paar Stiefel	11,0 Schilling

Xanten

Es verdiente am Tag	1417	1450	1490
ein Baumeister	53 Pf	42 Pf	36 Pf
ein Baugeselle	42 Pf	36 Pf	18 Pf
ein Baugehilfe	22 Pf	20 Pf	15 Pf
ein Baulehrling	22 Pf	20 Pf	15 Pf
ein Maurer	42 Pf	36 Pf	18 Pf
ein Schreinermeister	42 Pf	40 Pf	33 Pf
ein Schreinergeselle	24 Pf	20 Pf	23 Pf
ein Dachdeckermeister	44 Pf	40 Pf	42 Pf
ein Dachdeckergeselle	36 Pf	36 Pf	27 Pf
ein Holzsäger	36 Pf	29 Pf	26 Pf

Es kostete	1418	1450	1490
1 Malter Weizen	180 Pf	171 Pf	288 Pf
1 Malter Roggen	144 Pf	126 Pf	284 Pf
1 Malter Gerste	168 Pf	126 Pf	160 Pf
1 Malter Hafer	108 Pf	163 Pf	112 Pf
1 Pfund Speck	–	5,25 Pf	4,5 Pf
1 Pfund Schweinefleisch	6 Pf	5,25 Pf	4,5 Pf
1 Quart Wein	21 Pf	16 Pf	16 Pf
1 Quart Bier	3 Pf	3 Pf	4 Pf
1 Paar Stiefel	72 Pf	–	60 Pf

Deutsche Ostseeküste

Es verdiente am Tag:

um 1500	ein Maurermeister	mit Kost 18 und ohne Kost 36 lübische Pf
	ein Maurergeselle	mit Kost 13 ½ und ohne Kost 27 lübische Pf
	ein Handlanger	mit Kost 10 1/3 und ohne Kost 20 ¼ lübische Pf

Das 16. Jahrhundert

Nachdem Christoph Kolumbus 1492 Amerika entdeckt hatte, gelangten im 16. Jahrhundert ungeheure Mengen an Gold und Silber, aber auch der Mais und die Kartoffel, nach Europa. Von 1512 bis 1540 wurden 19.000 kg Gold und 86.000 kg Silber von Amerika nach Spanien gebracht, von 1541 bis 1560 noch einmal 67.000 kg Gold und 488.000 kg Silber. Dazu kamen größere Silberfunde in Tirol, im Erzgebirge und im Harz. Das führte dazu, dass ab 1500 immer mehr Talermünzen geprägt wurden, die den gleichen Wert wie der Goldgulden hatten. Weil aber das Silbergewicht der Taler in der ersten Hälfte des 16. Jahrhunderts immer weiter absank, setzte das Münzedikt von 1566 das Silbergewicht des Talers auf 25,98 g fest. Der seit 1520 geprägte Guldengroschen oder Joachimstaler hieß von nun an Reichstaler.

1 Gulden (fl) = 1 Taler = 60 Kreuzer = 21 Groschen (G)
1 G = 12 Pfennig (Pf)

Nachdem Martin Luther 1517 seine 95 Thesen veröffentlicht hatte, begannen die Glaubenskämpfe und Religionskriege. Luthers 1522 im Druck in einer Auflage von 3000 Exemplaren erschienene „Neue Testament“ mit Holzschnitten von Lucas Cranach d.Ä. und Christian Döring kostete ungebunden nur ½ Gulden. Zuvor hatte ein Exemplar der „Vulgata“, der lateinischen Bibelausgabe, 12 Gulden gekostet - so viel wie man für 4 fette Ochsen bezahlen musste. Als dann Luthers deutsche Bibelausgabe nach 1534 erschien, kostete der Folioband 2 Gulden 8 Groschen - so viel verdiente zu dieser Zeit ein Lehrer in 9 Monaten.

Seit Beginn des 16. Jahrhundert erweiterte Franz von Taxis seine Postverbindungen in Europa. Jakob Fugger brachte 1514 auch den Ablasshandel in seine Hand. Die Bauernaufstände mündeten schließlich in den Bauernkrieg 1524/25. Zwischen dem katholischen Kaiser und dem protestantischen Schmalkaldischen Bund kommt es 1546/47 zum Krieg. Ab 1550 bis 1750 herrscht das Merkantilistische Wirtschaftssystem, d.h. die nationale Autarkie im Staatsinteresse. Seit 1552 werden Schuldverschreibungen der Fürsten als „Rentmeisterbriefe“ öffentlich gehandelt. Trotzdem kommt es 1557 zum ersten Staatsbankrott des Habsburger Kaiserreiches. 1600 kommt es zur Gründung von ersten Aktiengesellschaften im Handel, die eine Kapitalsammlung ermöglichen.

Xanten

Es verdiente am Tag:

1510	ein Baumeister	30 Pf
	ein Baugeselle	25 Pf
	ein Baugehilfe	15 Pf
	ein Baulehrling	15 Pf
	ein Schreinermeister	30 Pf
	ein Schreinergeselle	29 Pf
	ein Dachdeckermeister	30 Pf
	ein Maurer	25 Pf

Augsburg

Der Anteil des Macherlohns an folgenden Kleiderpreisen betrug:

1518	**Kleidungs-stück**	**Gesamt-preis**	**davon Macherlohn**	**Lohnanteil in %**
	Hochzeitsrock für Bräutigam	18 fl 12 d	10 d	2,68
	Kurzer Rock	9 fl 19 d	7 d	3,52
	1 Paar Hosen	2 fl 9 d	2 d	4,08
	Rock für die Nachhochzeit	14 fl 0 d	10 d	3,57
	Wams	7 fl 15 d	6 d	3,87
	Hochzeitsrock für Braut	62 fl 10 d	2 fl	3,20
	Rock, Hose und Wams für einen Knecht	7 fl	8 d	5,71

Länder des Deutschen Kaiserreichs

Durchschnittliche Bruttoverdienstspannen:

16. Jahrhundert	Metzger in München	6,0 %
	Hausmetzger in Nürnberg	3,75 %
	Müller	6,25 %
	Schneider	4,20 %
	Weber in Esslingen	4,5 %
	Kerzenmacherin in Nürnberg	5,25 %
	Kleinhändler	14,5 %
	Schankwirte (einschl. Abgaben)	40,0 %

Der Nettoverdienst lag vor allem bei Metzgern und Müllern, bei denen erhebliche Kosten und Abgaben anfielen, unter 5 % und damit unter dem üblichen Kapitalzins dieser Zeit. Der Reingewinn eines Großkaufmanns in Augsburg in der ersten Hälfte des 16. Jahrhunderts betrug 9,73 %.

Der Kaiser verordnete folgende Löhne:

1527	ein Maurermeister	im Sommer 32 Pf im Winter 28 Pf
	ein Maurergeselle	im Sommer 28 Pf im Winter 24 Pf
	ein Handlanger	im Sommer 20 Pf im Winter 16 Pf

Es kostete(n):

1527	1 kg Butter	12 Pf	1 Huhn	15-20 Pf
	1 kg Roggen	0,8 Pf	1 Gans	70 Pf
	1 kg Gerste	0,9 Pf	1 Schaf	75 Pf
	1 kg Hafer	1,0 Pf	1 Schwein	576 Pf
	1 kg Reis	25 Pf	1 Ochse	700–1400 Pf
	1 kg Schaffleisch	2 Pf	1 Pferd	2300 Pf
	1 kg Rindfleisch	3 Pf	1 Paar Schuhe	66 Pf
	1 l Öl	36 Pf	1 Paar Stiefel	204 Pf
	1 l Essig	4 Pf	1 Hose	200 Pf
	1 l Honig	15 Pf	10 g Pfeffer	3 Pf
	1 l Bier	1 Pf		
	1 l Landwein	5 Pf		

Schleswig-Holstein

Durchschnittlich kostete(n):

um 1451 bis 1545	110 kg Weizen	12,0 Schilling
	110 kg Roggen	15,0 Schilling
	100 kg Gerste	13,0 Schilling
	100 kg Hafer	9,0 Schilling
	1 Wirtschaftspferd	8,0 Mark lübisch
	1 Ochse von rd. 300 kg	4,5 Mark lübisch
	1 Kuh	41,0 Schilling
	1 Schwein von rd. 31 kg	19,0 Schilling
	1 Schaf von rd. 30 kg	8,0 Schilling
	1 Lamm von rd. 18 kg	4,5 Schilling
	1 Gans von rd. 4,5 kg	20,0 Pf
	1 Huhn von rd. 1,3 kg	6,0 Pf
	20 Eier	5,0 Pf
	470 g Butter	8,0 Pf
	1 Paar Schuhe	4,5 Schilling
	1 Paar Stiefel	15,0 Schilling

Preissprung in Schleswig-Holstein

Ware	Menge	Preis 1545	Preis 1546	Zunahme in %
Weizen	1 Tonne	10 Schilling	120 Schilling	650
Roggen	1 Tonne	12 Schilling	61 Schilling	425
Gerste	1 Tonne	12 Schilling	46 Schilling	283
Hafer	1 Tonne	6 Schilling	10 Schilling	66
Arbeitspferde	1 Stück	9 Mark	19 Mark	111
Ochsen	1 Stück	6 Mark	11 Mark	83
Kühe	1 Stück	48 Schilling	72 Schilling	50
Schafe	1 Stück	8 Schilling	16 Schilling	100
Schuhe	1 Paar	7 Schilling	18 ½ Schilling	164

Der Auslöser für diese plötzliche Preiserhöhung liegt vermutlich in der Währungsänderung, d.h. in der Umstellung von Gulden auf Taler. Es sollten 8 Talerstücke aus der 14 ¼ lötigen Kölner Mark geprägt werden. Ein Stück war ursprünglich mit 24 Schillling bewertet und sollte nun in lübischer Währung 30 Schilling gelten. Der Kurs stieg jedoch bald auf 31 Schilling. Die durchschnittliche Preiserhöhung aller Waren 1545/46 um 160 % war nicht eine einmalige Teuerung, deren Preise später wieder auf das frühe Niveau zurückkehrten, sondern der Anfang eines fast kontinuierlichen Preisanstiegs, der sich praktisch bis heute fortsetzte.

Bayern

Die Handwerker verdienten 1563 immer noch so viel wie der Kaiser 1527 angeordnet hatte. Es kostete(n):

1563	1 kg Butter	15 Pf
	1 kg Schmalz	32 Pf
	1 kg Mehl	1 ½ Pf
	125 kg Roggen	520 Pf
	1 Huhn	12 Pf
	1 Gans	40 Pf
	1 Pfund Rindfleisch	6 Pf
	1 l Milch	2 ½ Pf

Nürnberg

Tages-/Jahreslohn von Bauhandwerksgesellen 1503:

Winterlohn	Tag	20 d
	Jahr	1860 d
kleiner Sommerlohn	Tag	24 d
	Jahr	1728 d
großer Sommerlohn	Tag	32 d
	Jahr	3200 d
Badegeld	Woche	?
	Jahr	?
Gesamt		6788 d = 27 fl

In Nürnberg wurden vom Anfang des 16. Jahrhunderts bei insgesamt 265 Arbeitstagen folgende Löhne gezahlt: Winterlohn vom 16. Oktober bis 22. Februar; der kleine Sommerlohn vom 22. Februar bis 4. April und vom 24. August bis 16. Oktober; der große Sommerlohn vom 4. April bis 24. August. Für die Einkommensberechnung wurden 100 Arbeitstage großer und 75 Tage kleiner Sommerlohn angesetzt.

Durchschnittliche Tagelöhne von Bauhandwerksgesellen und die daraus errechnete Kaufkraft:

Jahr	Durch schnittl. Tages-lohn	Preis von 1 Simmer Korn	Arbeitstage für 1 Simmer Korn	Preis von 100 Maß Wein	Arbeitstage für 100 Maß Wein	Preis von 100 Pfd. Fleisch	Arbeitstage für 100 Pfd. Fleisch
1503	27,6 d	567 d	20,50	785 d	28,40	420 d	15,20

1 Simmer = 318 l = 231 kg Roggen 1 Maß = 1,069 l 1 Pfund = 475 bis 480 g

Gesindelöhne (mit Logis und Verpflegung):

Jahr	Stellung	Lohn im Jahr
1506	Magd	3,80 fl rheinisch
1516	Krankenpfleger der Stadt	3,80 fl rheinisch
1552/53	Köchin (mit Draufgeld)	8,50 Gulden
1553/54	Untermagd (mit Draufgeld)	3,06 Gulden
1554	Köchin (ohne Draufgeld)	6,00 Gulden
1554	Hausknecht	4,50 Gulden
1554/55	Köchin (mit Draufgeld)	6,50 Gulden
1555	Kindsmagd	10,00 Gulden
1556	Kindsmagd (ohne Draufgeld)	6,00 Gulden
1557	Hausknecht (mit Draufgeld)	4,00 Gulden
1557	Untermagd (mit Draufgeld)	4,25 Gulden
1558	Säugamme	12,00 Gulden
1565	Köchin (ohne Draufgeld)	8,00 Gulden
1567	Untermagd (ohne Draufgeld)	5,00 Gulden

Mecklenburg

Der Lohn betrug:

1580	für einen Zimmergesellen am Tag	48 Pf
	für einen Drescher am Tag bei freier Kost	18 Pf
	für eine Magd im Jahr bei freier Kost und Logis	2 Taler sowie 2 Paar Schuhe, 1 Hemd und 1 Schürze

Es kostete(n):

1580	1 Pfund Butter	22 Pf
	1 Huhn	18 Pf
	1 Kanne Bier	8 Pf
	80 Heringe	132 Pf
	1 Hose	60 Pf
	1 Parchimer Wams	36 Pf

Hamburg und Lübeck

1 Mark (M) = 16 Schillinge (S) = 48 Witten = 46 Blaffert = 142 Pfennige (Pf)

Es kostete(n)	1500	1560
1 Pfund Butter	8 Pf	18 Pf
20 Eier	5 Pf	10 Pf
1 Huhn von 3 Pfund	6 Pf	12 Pf
1 Gans von 10 Pfund	20 Pf	3 S
1 Schaf von 30 Pfund	8 S	16 S
1 Schwein von 65 Pfund	20 S	3 M 8 S
1 Kuh	40 S	8 M
1 Ochse	4 ½ M	17 M
1 Pferd	8 M	17 M
100 kg Weizen	12 S	4 M 9 S
100 kg Roggen	15 S	3 M 5 S
100 kg Gerste	13 S	3 M 4 S
100 kg Hafer	9 S	1 M 5 S
1 Paar Schuhe	4 S 6 Pf	9 S 7 Pf
1 Paar Stiefel	15 S	31 S

Von 1550 bis 1570 verdoppelte sich der Getreide- und damit entsprechend auch der Brotpreis. Um 1600 musste eine fünfköpfige Maurerfamilie bereits die Hälfte ihres Einkommens für Brot ausgeben.

Sold

1 Gulden (fl) = 21 Meißner Gr. = 60 Groschen = 240 Pfennige (Pf)

Es erhielten an Sold im Monat:

1530–1550	ein Matrose oder Soldat	4 fl
	ein leichter Reiter	8 fl
	ein schwerer Reiter	12 fl
	ein Fahnenträger	40 fl
	ein Hauptmann	80 fl

Der Söldner sorgte für seine Verpflegung, Kleidung und Waffen selbst, wobei sich sein Sold nach seiner Bewaffnung richtete. Für seine Kost hatte er monatlich etwa 1,25 fl aufzuwenden.

Es kostete:

1530-1550	1 Stirnhaube	1 fl
	1 Halbharnisch	5 fl
	1 Panzerärmel	5 fl
	1 Paar Blechhandschuhe	1 ½ fl
	1 Schwert	4 fl
	1 Langspieß	1 fl
	1 Muskete	4 fl

Leipzig

Bei einem gütlichen Verhör erhielt:

1583	der Richter	4 Groschen
	zwei Schöffen je	3 Groschen
	der Schreiber	5 Groschen
	der Verteidiger	5 Groschen

bei einem peinlichen Verhör jedoch die doppelte Gebühr. Der Schreiber erhielt je Blatt Kopiergebühr bei 26 Zeilen pro Seite 1 Groschen.

Köln

Verpflegungskosten für eine Person:

Jahr	**1 Woche (14 Mahlzeiten)**	**1 Tag (2 Mahlzeiten)**	**1 Mahlzeit**
1576			3 alb
1577			3 alb
1578	1 G 9 alb 6 H	4 alb 10 H	2 alb 5 H
1579	1 G 10 alb	4 alb 8 ½ H	2 alb 5 H
1580	1 G 15 alb 5 ½ H	5 alb 7 ½ H	2 alb 10 H
1585	1 G 10 alb 9 ½ H		
1590	2 G 3 alb 8 H		
1595	2 G 6 ½ H		
1596	1 G 23 alb 7 H		

G = Gulden, alb = Albus, H = Heller

Einige Löhne in Köln 1565-1592:

Tageslöhne in Albus							Jahreslohn in Gulden
Jahr	**Steinmetz**	**dessen Lehrjunge**	**Dach-decker**	**Zimmer-mann**	**dessen Lehrjunge**	**Wein-leserin**	**Dienstmagd**
1565	10 alb	6 alb	10 alb	10 alb			
1571	10 alb	7 alb					
1573	11 alb	8 alb					
1574				11 alb			
1576				12 alb			10 G
1579			13 alb				10 G
1581			12 alb	13 alb			11 G
1582			13 alb	13 alb			11 G
1584						3 alb und Kost	11 G
1585			14 alb			2 alb und Kost	11 G
1586	14 alb		14 alb	14 alb	10 alb		11 G
1587			16 alb				11 G
1588			15 alb				11 G
1589			16 alb				12 G
1590			16 alb				12 G
1592				19 alb			12 G

1 Albus (alb) kölnisch = 12 bis 30 Heller (Hlr) 1 Gulden (G) kölnisch = 24 albus oder 4 M
1 Mark (M) = 6 alb 1 Reichstaler (Tlr) = 74 bis 78 alb

Einige Baumaterialien 1565-1595:

Art	Menge	Preis
Ziegelsteine	500 Stück mit Fuhrlohn	62 alb
Nägel (Decknägel)	1000 Stück	16-20 alb
Kalk	1 Malter	24-25 alb
Sand	1 Karre	6-10 alb
Mörtel	1 Eimer	2-3 alb
Lehm	1 Karre	11-2 alb
Lötzinn	1 Pfund	5 alb

Einige Preise 1565–1595:

Ware	Preis	Ware	Preis
¼ Brandholz	11 ½–16 G	1 Hering	5–10 Heller
1 Sack Holzkohle	19–22 alb	1 Pfund Butter	6–8 alb
1 Pfund Kerzen	4-7 alb	1 Pfund Zucker	24–16 alb
100 Weidenrahmen	46–32 alb	1 Pfund holländ. Käse	3 ½–15 G
1 ganzer Ochse	30-45 G	2 Lot Pfeffer	2–4 alb
1 Ochsenfell	5 G	1 Lot Nägelchen (Nelken)	1 ½–5 alb
1 Schaffell	8 ½–10 alb	1 Quart Essig	4 ½–7 alb
1 Ochsenzunge	17–20 alb	1 Lot Safran	12–4 alb
1 Pfund Schweinefleisch	12 ½ alb	4 Lot Ingwer	3–6 alb
1 Brathuhn	6–11 alb	1 Fuder Wein	30–40 Tlr
1 Malter Roggen	4–10 G	1 Quart Wein	5–10 alb
1 Malter Gerste	5–8 G		
1 Malter Weizen	8–10 G		

Frankfurt/Main

(Reichs-)Taler und Goldguldenkurse 1500–1710:

Jahr	Taler in Pf	Gulden in Pf	Jahr	Taler in Pf	Gulden in Pf
1500	208	216	1600	274	316
1510	216	224	1610	330	400
1520	220	230	1620	500	600
1530	234	246	1622/23	800	960
1540	244	260	1630	360	440
1550	244	260	1640–50	360	480
1560	248	270	1660	360	512
1570	252	274	1670	384	544
1580	252	288	1680	420	600
1590	252	294	1690–1710	480	688

Die Kurse entsprechen den „Gramm Silber“ und die Goldguldenpreise den „Gramm Gold“. Für die Besitzer von Talern und Goldgulden waren die Preissteigerungen erträglich, dagegen hatte die Mehrheit der Bevölkerung, die ihren Lohn in Pfennig, Heller, Batzen oder Schilling bezog, erheblich unter der Teuerung zu leiden.

Kostenabrechnung für das gemeinsame Doktoressen zur Promotion von den drei Geistlichen Johannes Nopelius (Pastor zu S. Columba), Jacobus Hutterus (Pastor zu S. Peter) und Theodorus Ripfhaen (Pastor zu S. Laurentius) in Köln im Festhaus auf dem Quatermarkt am 13. Oktober 1591

1 Taler kölnisch (Thlr) = 52 Albus (alb) - 1 Albus (alb) = 12 Heller (Hlr)
1 Mark (Mk) 6 alb - 1 orth (¼ Tlr) = 13 alb
1 Neumarckstaler = 1 Tlr 2 alb = 54 Tlr - 1 Reichstaler (Rtlr) = 37 alb
1 Gulden köln. = 24 alb - 1 Goldgulden = 80 alb

Empfencknus-Geldts
October

	Tlr	*alb*	*Hlr*
Anfenglich den 10 das Vell von dem Ochsen, so die vierzehen Herrn Pastores verehret, verkaufft für 10 Gulden 1 ort thut, so wir empfangen	-	4	-
Item das Gebüt und Eingeweide auß dem Ochsen verkaufft, dafür empfangen	-	1	-
Item den 26 von dem Ehrwürdigen Hochgelehrten Herrn Doctorn Jacobo Kuitero Pastorn zu S. Petri zu Bezahlungh eines Zettelß bey Arndten von Vilsen Kremer am Thom empfangen	-	16	-
Item weill der Erwürdigh Hochgelehrter Herr Doctor Pastor S. Kolumbae dem Becker vor Lysekirchen den Rest wegen des gelifferten Brots zu bezahlen an sich genohmen, und alsolcher Rest laut dieser Rechnungh in diese Außgab gesetzt ist, und daselbst verrechnet wirt als wirt auch derselb Rest alhie für empfangen eingeschriebn nemblich	7	48	-

Außgab-Geldts.
October

	Thlr	*alb*	*Hlr*
Anfenglich den 6 bey Herren Simon Gagen kaufft ein Stuck mentzer Wein, helt das Fodermaß ad 125 Thaler, thut 1 Foder, 9 Fir.	132	11	-
Item ahn Landtawer Wein kaufft 1 ½ Q., die Ohm ad 15 Thlr., tut	25	24	-
Item für Rottgelt	-	2	-
Item vor dem Wein abzustechen und außzuschraden. Item auff dem Quattermart in den Keller zu thun verlönt Herrn Simon Gagens Vaßbender	-	33	-
Item von dem Wein auß der Rheingassen auff den Quattermart zu furen verlont	-	20	-
Eodem an der Rheingassen kaufft ein Kahr Holtz für	2	3	-
Item darvon Fuhrlohn auff den Quattermart	-	9	-
Item darvon zwey Kerff laßen reißen darvon geben	-	3	-
Item den 9 von Johan Floßgen kaufft 6 Sek Kolen, den Sak ad 21 alb thut	2	22	-
Item den Kolmudderen von jederem Sak auff den Quattermart zu tragen geben 1 alb thut	-	6	-

	Thlr	alb	Hlr
Eodem an der Tranckgassen kaufft 25 Bürden Rahmen, dieselb bedingt für 10 ½ Mk, thut	–	11	–
Item von den Rahmen auff den Quattermart zu fuhren geben	–	8	–
Item den 10 auff dem Thomhoff kaufft einen Ochsen, welchen die Herrn Patores verehrt, darvon auff den Quattermart zu leiden geben	–	12	–
Item das unschlit auß dem Ochsen in der Boltzengaßen verwechseln laßen, seindt gewesen 51 Pfd., von 33 Pfd. Wechselgelt, vom Pfd. 2 alb, und von 18 Pfd., weill es im Wasser gelegen, vom Pfundt 5; thut zusamen an Wechselgelt	2	7	–
Item Meister Theißen Koch von dem Ochsen abzutun auff sein Forderen geben	–	24	–
Item der Universiteten-Botten für zween Beßemen die Schull am Thom damit zu reinigen geben	–	2	4
Item denselben kaufft 300 Twapetnägell, das hundert ad 4 ½ alb. Item noch für ein halb Fiertheil Bünnägell 1 alb, thut zusammen	–	14	6
Item Contzen dem Torhüter das Tapet auff dem Quattermart auffzunagelen, geben für Nägell zu kauffen	–	5	–
Item den 14 bey Herman von Linß kaufft 1 Sömb. Erbsen, das Fierthell bedingt ad 21 alb, thut zusammen	1	32	–
Item boven Mauren in der Spanscher Nienalden kaufft 53 Pfd. Butteren das Pfd. ad 7 ⅛ alb, thut	7	33	6
Item zu Unna für S. Paulus bestalt 1 Ohm 2 alb. Bier, und ein halb Ohm 1 alb. Bier, thut zusammen	5	–	–
Item von der anderhalben Fohrlohn auff den Quattermart geben	–	9	–
Item einem Schiffman, so den Steuer und die Schwanen von Neuß bracht, geben	1	–	–
Item von dem Steuer und Schwanen von dem Rhein auffzutragen geben	–	3	–
Item einem Schiffknecht, so die Karpffen, welche von Neuß kommen, an der Tranckgassen mit einem Achem geholt, und ahn die Mühlengaß in ein ander Fischkahr gesatzt, geben	–	7	–
Item des Herrn Probsten Groppers Diener, so den dreyen Herren Doctorn prasentiret einen Hirschbollen und drey Velthöner, zu Trinckgelt geben	–	5	–
Item für den Koch kaufft zwölff erden Düpfen groß und klein darfür zusammen zalt	–	15	–
Item für einen hültzen Löffel	–	1	–
Item für Kappes und Morren für die Köch und anwesendt Gesindt zu speisen	–	6	–
Item für Brott geben	–	24	–
Item für allerhandt grün Kochkraut	–	9	–
Item für Dill	–	–	6
Item für Peterselien und Fenschel zum Steur und Salmen zu gebrauchen geben	–	2	–
Item zu dem Reiß bestalt 36 Q,. Milche, jeder Q. ad 32 Heller, thut	1	44	2
Item kaufft 8 Pfd. Spickspeck, das Pfd. ad 7 ½ alb, thut zusammen	1	8	–

	Thlr	alb	Hlr
Item für ein Steinmengen auff dem Quattermart zu gebrauchen, die Unreinigkeit damit außzutragen, und folgendts zu den Kolen in der Küchen zu gebrauchen, geben	–	1	6
Item für zween Bessemen, auff dem Quattermart, in der Küchen sonsten zu gebrauchen, geben	–	2	4
Item für Silbbersandt, das Zinnen-Werck, so in der Kosten geweßen, welche der Gaffelbott M. Verhart bestelt, damit abzuschauren, geben	–	1	6
Gewürtz-Zettul.			
Item den 15. kaufft 10 Pfd. Reiß, das Pfd. 4 ½ alb, thut	–	45	–
Item 6 Loth gestoßen Saffran, jed Loth 20 alb für	2	16	–
Item für ein ahlb Pfundt gestoßen Pfeffers	–	30	–
Item für ein halb Pfundt Spicknegell	1	26	–
Item für ein halb Pfundt Musakt-Blomen	2	22	–
Item für ein halb Pfundt gestoßen Imber	–	10	–
Item für ein Fiertell Pfundt gantzen Pfeffer	–	15	–
Item für 3 Pfd. Mostermell, das Pfd. 4 alb für	–	32	–
Item für 1 Pfd. Braunen-Zucker geben	–	12	–
Item für drey Fiertel Pfundt gestoßen Imber	–	12	6
Item für 1 Pfd. Mandelen geben	–	13	–
Item kaufft 4 Ellen Harentuch, die Ell ad 6 alb, thut	–	24	–
Item kaufft 14 Q. Essigs, die Q. ad 6 ½ alb, thut zusamen	1	39	–
Item für 3 Wurtzelen Merretig geben	–	12	–
Item am Abendt für 1 Pfd. Kertzen geben	–	7	6
Item bestalt 6 Fiertell Saltz, das Fiertell ad 16 alb, welch Saltz der H. Johannes Gymnirus verehrt, von dem Saltz auff den Quattermart zu tragen geben	–	2	–
Item für 600 Bierren geben	–	17	–
Item für Reyen Ullichs		4	–
Item vor Brattlindt	–	3	–
Item kaufft 12 Q. Lampersche Nuß, die Q. ad 4 ½ alb, thut	1	2	–
Item in dem Sternen auffm Heumart zalt ein Q. Probwein ad	–	11	–
Item bey Godthart Fischmenger geholt 26 Pfd. Schnoigs, das Pfd. ad 6 alb, thut	3	–	–
Item von der Kisten, darin das Zinner-Werck, so M. Gerhardt Gaffelbott bestalt, von S. Columben auff den Quattermart, und widerumb zurück zu fuhren, von jederem Mahl geben müßen 16 alb, thut	–	32	–

	Thlr	alb	Hlr
Volgt was den Pastetenbecker verlohnet.			
Item M. Aleph Patetenbecker auf der Hertzenstraßen hat geliffert 34 Mandeln-Gebackt. Item 34 Parmenußen, jeder Stück ad 5 alb, Item noch 35 Shleuffer, jeder Stück ad 5 ½ alb, thut so ihme zalt 21 Gulden 23 alb	10	7	-
Item M. Peter Pastetenbecker in der Höllen hat geliffert 38 Mandelen-Geback, und 34 Parmenußen, jeder Stück ad 5 alb. Item 23 Schleuffer, jeder Stück ad 5 ½ alb, thut so empfangen 23 Gulden 6 Hlr. Item aus dem Leckerbißlein für den Minnenbrüderen geliffert 34 Mandelen-Geback. Item 34 Parmenusen. Item 34 Schleuffer, jeder Stück ad 5 alb, thut er so empfangen 21 Gulden 6 alb	9	42	-
Volgt, was den Pedellen, Gaffelbotten, und anderen Dienern circa diversa verlohnet.			
Pedelli.			
Anfenglich sein die Pedelli von den Herrn selbsten, nach alter Ordnungh verricht, und zalt worden.			
Kurtzwilliger Rath.			
Im gleichen Haeß mit funff Thaleren von den Herrn selbst contentirt worden.			
Contz Thorhütter.			
Item Contzen für seine Belohnung geben	3	-	-
Nunciis Universitatis.			
Item auß Beuelch der Herrn den zweyen Botten jederem geben 2 Tlr 1 orth thut	4	26	-
Spielleuten.			
Item den vier unseren Herrn Spielleuten auß Beuelch jederem geben 1 Goltgulten	6	8	-
Keller.			
Item W. Cornelio auff dem Hundtsrücken, so den Keller verwart, und den Wein gezapft, für seine Belohnung geben 1 Rthlr, thut	-	37	-
Item demselben Cornelio für 1 ortt Rosenwasser 9 alb. Item für 1 ortt Lavendelen-Waßer 6 alb, thut	-	15	-
Weintreger.			
Item dem Weintreger in der Engergaßen auß Beuelch geben einen Neumarcksthlr.	1	2	-
Organist W. Kubertus.			
Item hat W. Kubertus vor sein Theil nicht haben wollen, sonder vor seine zween Jungen gefordert 1 Reichsthlr. Item noch vor drey Personen, so die Instrumenta musicalia hin und wider getragen, und einem so geblasen, zusammen 18 alb, thut so W. Kubertus empfangen	1	3	-
Capellen-Meister in Capitolio.			
Item Herr Wilhelm der Capellen-Meister zu S. Mergen für sein Theil auch nichts haben wollen, hat für zween Discanten, so helfen singen, gefordert für jeden 1 Reichsthlr., thut so er empfangen	1	22	-

	Thlr	alb	Hlr
Meister Gerhardt Gaffelbott.			
Hat gelieffert erstlich 200 Gläseer, vom Hundert geben 1 Gulden, thut	–	48	–
Item 50 große Römer, jeder drey Heller, thut	–	12	6
Item 14 Anrichtskörb, von jeder 2 alb für	–	28	–
Item 10 Kruchen, jeder 6 Heller, thut	–	5	–
Item 60 erden Schnelger, jeder 3 Heller, thut	–	15	–
Item 50 Bierpött, jeder 2 Heller, thut	–	8	4
Item 450 kleiner Schüßelen, jede 1 Heller, thut	–	37	6
Item 250 Bütschen, jeder 4 Heller, thut	1	31	4
Item 10 Körb und Brotmanden, jeder 6 Heller für	–	5	–
Item 4 Tragmanden, jeder 1 alb, thut	–	4	–
Volgt, was an obgemelten Werck zerbrochen.			
Item 6 großer Römer, jeder ad 3 alb	–	18	–
Item 10 Schneltger, jeder 5 Heller, thut	–	25	–
Item 7 Bierpött, jeder 2 alb, thut	–	14	–
Item 17 Bütschen, jeder 3 alb, thut	–	51	–
Heur des Zinnenwercks.			
Item von der Kisten darin das Zinnenwerck geweßen, M. Gerharden geben auß Beuelch dern Herrn 1 Goldgulden, thut	1	28	–
Item M.Gerhardt für seine Belohnung geben 6 Gulden	2	40	–
Meister Albrecht Gaffelbott.			
Erstlich gelieffert 11 Tosein Zinnen-Teller, darvon zu heuren geben	–	9	–
Item 2 Tosein Zinnen-Schüßelen	–	18	–
Item 36 erden Schneltger, jeder 3 Heller	–	9	–
Item 48 Bierpött, jeder 2 Heller, thut	–	8	–
Item 6 Kruchen, jeder 6 Heller, thut	–	3	–
Item 125 Bütschen, jeder 4 Heller, thut	–	41	–
Item 430 kleiner Schüßelen, jed. 1 Heller	–	49	10
Item 6 Anrichskörb, jed. 2 alb, thut	–	12	–
Item 3 Brotmanden, jeder 1 alb, thut	–	3	–
Item 236 Gläser, jeder Hundert 1 Gulden	–	52	6
Volgt, was an obgemeltem Werck zerbrochen.			
Item für ein weiße Krug, so die Soeilleuth hinweggenohmen, für	–	8	–
Item eine Bütsche oder große hultze Schüssell, thut	–	3	–
Item 33 Gläser, jeder Stück 1 alb	–	33	–
Summa des zerbrochenen Wercks thut 1 Gulden 20 alb			
Item M. Albrecht für seine Belohnung empfangen	2	40	–
Item für seinen Adjunctus M. Hermann geben	–	24	–
M. Remboldt Gaffelbott.			
Item M. Remboldt für seine Belohnungh empfangen 6 Gulden thut	2	40	–

	Thlr	alb	Hlr
Koch.			
Item M. Theißen Koch abzalet, und ihme geben für sein Kochen auß Beuelch	9	–	–
Item für den Drachen- und Pfauenschwanz zu dem Pfauspiell zu gebrauchen, geben	1	–	–
Item für den Merretigh zu stoßen	–	6	–
Item für Kratz und Fenckgelt in die Küch zusammen geben 1 Rthlr, thut	1	22	–
Hauß Quattermart.			
Item den 23. mit den Inwohnern Hauß Quattermart gerechnet, und von dem Hauß gemeiner Ordnungh nach geben	5	–	–
Item sein daselbst geheuret 20 Tischzwelen, von jeder geben 3 ß, thut	–	30	–
Item der Magt daselbst zu Tranckgelt geben	–	6	–
Schuttelspülerschen.			
Item dreyen Schuttelspülerschen so zusamen auf dem Quattermart geschauret und gespolet 6 ½ Tag, von jedem Tag geben 6 alb, thut	–	39	–
Putzeren.			
Item den zweyen Putzeren zusamen belohnet 5 Tagh, von jedem Tag 6 alb, thut	–	30	–
I. Kremer.			
Item dem Kremer im Einhorn auff dem Thomhoff zalt einen Rechenzettull Gelt 4 gerichte vierkante Bonetten, jeder ad 3 Gulden. Hievon hat der Herr Doctor Pastor Petri eine für sich selbst behalten, wirt hie nit verrechnet. Item für 3 Tosein Handtscho 6 Gulden. Item noch 3 vierkante Bonetten, jeder ad 2 Mark, thut zusammen, so dieser Kremer empfangen	9	18	–
II. Kremer.			
Item bey Arnoldt von Vilsen zalt einen Rechenzettull inhaltendt erstlich 9 Priester-Bonetten, sampt ihren Bodemen, jeder ad 10 Mark. Item noch ein vierkante gestrickte Bonet mit Rodem gefüttert für 1 ½ Drl. Item noch 8 Par perfürmerde Handtscho, jeder ad 36 alb. In Summa thut zusammen 37 Gulden 18 alb. Hievon durch den Herren Doctor Pastorn Petri abgedinget 2 Gulden, bleibt so gemelter Kremer empfangen	16	26	–
Brottbecker.			
Item der Becker für Lysekirchen har geliffert 250 Perger Weißbrott, 251 Perger gemengt Brott, jeder ad 16 Heller für 27 Gulden 20 alb. Item 30 Reyen Taffelbrott, jeder reye ad 6 alb für 7 Gulden 12 alb. Item an Schwarzbrott für Koch und Gesindt 8 Gulden 8 alb. Herauff empfangen von den dreyen Herren Aebten S. Panthaleion, S. Martin, zu Tuitz (= Deutz*), jederem 1 Malter Weitz, das Malter thut 22 Gulden 12 alb. Also kompt dem Becker herauff 17 Gulden 4 alb, welches der Herr Doctor Pastor S. Columbae an sich genohmen, thut*	7	48	–

Summa laterum huc usque 331 Thaler 24 alb 6 Heller

	Thlr	alb	Hlr
Item einem Zimmerman an der Lehnpforten wohnhafft, so den Sedem Doctoralem in Schilis Theologorum gebessert, weill er zu groß geweßen, daran sampt noch einem so ihm gehulffen, einen halben Tag gearbeitet, für Belohnung geben	–	18	–
Item einem Schiffknecht bey Gerhardt Goetgesell wohnhafft, so ein Fischkahr gelint, darin man die Karffen, so von Neuß kommen, ein Zeitlang verwarlich gehalten, geben zu Tranckgelt	–	8	–
Item Henrich Ketzgen, so die Karffen vor und nach auß dem Kahr geholt, und zum Theil auff den Quattermart, und zum Theil in der Herren Heuser getragen, auch mit helffen zu Tisch dienen, geben	–	8	–
Summarum aller Außgab thut	331	6	6
Summarum der Innahm-Gelts thut	30	40	–
Also die Innahm von der Außgab-Gelts abgezogen, kompt uns wegen dieser Rechnung	300	18	6

Ew. Ehrw. Dienstwillige
Johan Heister und Reinhardt Eltman.
Salvo meliore calculo.

Steinerne Preistafel 1573/74 in der westfälischen Burg Lüdinghausen

Originaltext		Übertragung	
IM IAR DO MAN 1573 VN 74 TALT		Im Jahr, da man 1573 und 74 zählt	
EIN AEM WINS	24	Ein Ohm Wein	24
EIN VAT BOTTERN	42	Ein Fass Butter	42
AIN VAT HERINGS	10	Ein Fass Heringe	10
EIN LOEP SALTS	5	Ein Loep Salz	5
	DALER GALT		Taler galt
1 MOLT ROGGE	6 2/1	Ein Malter Roggen	6 ½
EIN MOLT GERSTEN	5 2/1	Ein Malter Gerste	5 ½
EIN MOLT HAVEREN	4	Ein Malter Hafer	4

Die Tafel wurde hergestellt, als Gottfried von Raesfeld, Dechant des Münsteraner Domkapitels, Teile der Burg Lüdinghausen neu errichten ließ.

1 Aem (Ohm) = Flüssigkeitsmaß, besonders für Wein. Größe regional unterschiedlich (bis rund 150 Liter). Wein war ein bevorzugtes Getränk des Adels bei besonderen Anlässen. Er wurde aus dem Rheinland oder aus Münster bezogen. 1598 kostete 1 Ohm Wein in Köln 15 Taler.

1 Fass Butter = Inhalt etwa 150 Pfund, wurde durch Zugabe von Salz lagerfähig gemacht. 1586 kostete ein Fass Butter in Münster nur noch 30 Taler.

1 Fass Heringe = Heringe oder getrockneter Fisch (Stockfisch) dienten vor allem als Fastenspeise. Größere Mengen wurden in Holland eingekauft, ansonsten in Münster. 1586 kostete 1 Fass Heringe 14 Taler. Frischer Fisch stammte aus eigenen Teichen und Gräften.

1 Loep Salz = Loep war ein kleines, mit einem Griff versehenes, geküfertes Holzgefäß. Es war ein Maß für Korn, Salz und Butter. Salz wurde als Gewürz und zur Konservierung von Lebensmitteln benötigt. 1585 verbrauchten die Drosten zu Vischering 3 Tonnen Salz mit Wertz von 12 Talern.

Malter = Getreidemaß, deren Größe regional unterschiedlich war. Im Münsterland war 1 Malter 12 Scheffel groß. Ein Scheffel fasste im Durchschnitt 40 Pfund Roggen, 35 Pfund Hafer, 42 Pfund Weizen und 35 Pfund Gerste. Örtlich gab es teilweise große Unterschiede. In Lüdinghausen fasste 1 Scheffel rund 35 Pfund Hirse, im Nachbarort Olfen dagegen 43 Pfund.

Roggen wurde überwiegend zu Brot verbacken und zu einem kleinen Teil wieder als Saatgut eingesetzt. Die Größe einer Ackerfläche, für die man einen Scheffel Saatgut benötigte wurde als „eine Scheffelsaat groß" angegeben.

Gerste wurde hauptsächlich zum Bierbrauen verwendet, teilweise auch zur Schweinemast und zur Herstellung von Grütze. 1600 war der Preis für 1 Malter Gerste auf 4 ¾ Taler gesunken. 1605 kostete der Malter nur noch 3 Taler 24 Schillinge.

Hafer wurde vor allem als Pferdefutter und zu einem geringen Teil als Nahrungsmittel (Hafergrütze) verbraucht. Grütze und Brei aus Getreide bildeten das gewöhnliche Morgen- und Abendessen der bäuerlichen Bevölkerung.

Taler = Im 16. Jahrhundert galt im Münsterland 1 Taler = 28 Schillinge, 1 Schilling = 12 Pfennige. Die heutige Kaufkraft eines Talers kann kaum realistisch berechnet werden, da damals Kriege, Seuchen und häufige Missernten jeweils Teuerungen und Geldentwertungen zur Folge hatten. Eine Inschrift am südlichen Turmpfeiler der St. Felizitatskirche in Lüdinghausen belegt, dass 1558 1 Scheffel Roggen 1 Taler kostete und damit fast doppelt so viel wie 1573/74.

Lohne = 1589 erhielt der für die Landwirtschaftlich verantwortliche Baumeister (= Großknecht) der Burg Vischering 6 Taler 24 Schillinge Jahreslohn. Hinzu kamen noch Naturalleistungen wie Verpflegung, Kleidung und Schuhe. In dieser Zeit konnte sich der Baumeister für einen Schilling ein Pfund Schweinefleisch oder Speck kaufen.

(**Quelle**: Freunde der Burg Lüdinghausen)

Das 17. Jahrhundert

Vor allem Deutschland hatte im 30jährigen Krieg (1618–1648) zu leiden. Im Zeitraum von 1470 bis 1618 war die Bevölkerung in Deutschland von 10 auf 17 Millionen Menschen gestiegen und bis 1648 durch Krieg, Hunger und Seuchen wieder auf 8 Millionen gesunken.

Von 1655 bis 1660 dauerte der Krieg Schwedens gegen Polen. Brandenburg, zuerst mit Schweden verbündet, wechselt 1657 auf die polnisch-dänische Seite. 1658–1767 verbündeten sich die deutschen Fürsten in der „Rheinischen Allianz" mit Frankreich gegen Österreich. Seit 1663 (bis 1806) tagte der „Reichstag" als ständiger Kongress in Regensburg. Er bestand aus 8 Kurfürsten (1692 erhielt Hannover die 9. Kurwürde), 61 weltlichen und 33 geistlichen Fürsten, 51 Reichsstädten, 2 Prälaten- und 4 Reichsgrafenkurien. 1699 gibt es in Deutschland dann rund 100 Reichsfürsten und 1500 kleine selbständige Herrschaftsgebiete.

Von 1672–1679 dauerte der „Holländische Krieg" Frankreichs, Schwedens und Englands gegen die Niederlande, Österreich, Spanien und Brandenburg. 1679–1681 annektierte Frankreich linksrheinische Gebiete. 1686 verbündeten sich der deutsche Kaiser, Schweden, Spanien und Brandenburg gegen Frankreich. Von 1688–1697 tobt der „Pfälzische Erbfolgekrieg" Frankreichs gegen Österreich, England, die Niederlande und Spanien.

Die Geldmengenvermehrung und die Verringerung des Silbergehalts der Kleinmünzen hatten seit dem Ende des 16. Jahrhunderts zu einer Steigerung des gesamten Preisniveaus geführt. Weil in der sogenannten Kipper- und Wipperzeit (1617–1623) nur Reichstaler und Goldgulden ihren Edelmetallgehalt behielten, waren vor allem die reichen Schichten bevorteilt. Aus einer Mark Silber konnten rund 3000 Pfennigstücke, aber nicht einmal 10 Talerstücke geprägt werden. Wegen der dauernden Münzverschlechterung stieg der Preisindex für Getreide auf der Grundlage des Pfennigpreises von 1610 bis 1622/23 auf fast das Doppelte. Zur gleichen Zeit stieg dagegen die Kaufkraft von Taler und Goldgulden. Gemessen in Gramm Silber stiegen die Preise von 1461 bis 1618 von Getreide um 160 %, von Fleisch um 180 %, von gewerblichen Investitionsgütern um 80 %, von gewerblichen Gütern des täglichen Bedarfs um 40 % und von Löhnen um 120 %. Die Währungsreform von 1623 beendete schließlich die Kipper- und Wipperzeit.

Frankfurt

Preisindex für Getreide (1500 = 100):

Zeitraum	Preisindex		
	Pfennig	Taler	Goldgulden
um 1620	614	255	221
1622/23	1040	270	234
um 1626	1045	604	513
um 1630	520	300	255
1636/37	2051	1185	963
um 1640	783	452	352
um 1650	560	324	252
um 1692/94 (Werte nur für Roggen)	1565	678	491

Es verdiente am Tag:

um 1600	ein Maurer	62 Pf
	ein Handlanger	36 Pf
	ein Schreiner	72 Pf
	ein Zimmermann	72 Pf
	ein Landarbeiter	36 Pf

Der Tageslohn von Arbeiter(innen) in den Weinbergen betrug zu dieser Zeit:

beim Hacken	ein Mann	36 Pf	eine Frau	20 Pf
bei der Traubenlese	ein Mann	18 Pf	eine Frau	12 Pf
beim Graben	ein Mann	27 Pf	eine Frau	20 Pf
beim Miststreuen	ein Mann	16 Pf	eine Frau	9 Pf

In der Landwirtschaft verdiente zu dieser Zeit am Tag:

	im Frühjahr 9 ½ Stunden/Tag	im Sommer 10 Stunden/Tag	im Winter 9 Stunden/Tag
ein Feldarbeiter	36 Pf	40 Pf	32 Pf
eine Frau	20 Pf	22 Pf	20 Pf
ein Junge	20 Pf	22 Pf	22 Pf

Bei freier Station verdiente zu dieser Zeit im Haushalt:

um 1605	eine Köchin	jährlich	9–10 Gulden
	eine Magd	jährlich	6–7 Gulden
	eine Kinderfrau	jährlich	4–5 Gulden

1 Gulden = 216 Pf

1612 kostete(n):

1 Pfund Butter	40-64 Pf	1 Pfund Hammelfleisch	16-18 Pf
1 Pfund Pfeffer	192 Pf	1 Pfund Schweinefleisch	16 Pf
1 Pfund Zucker	112 Pf	1 Pfund Lachs	42-61 Pf
1 Pfund Ingwer	240 Pf	1 Pfund Hecht	64 Pf
1 Pfund Nelken	256 Pf	1 Hering	6 Pf
1 Pfund Muskatblüten	512 Pf	1 Ei	2 ½ Pf
1 Zitrone	7 Pf	1 Pfund Talg für Kerzen	28 Pf
1 Pomeranze	11–16 Pf	1 Pfund Wachs f. Kerzen	123 ½ Pf
1 Maß (1,8 l) Bier	8–32 Pf	1 Gilbert (= 1,76 m^3) Holz	482 Pf
1 Maß (1,8 l) Wein	48–64 Pf	100 Mauersteine	144 Pf
1 Pfund Roggenmehl	9 Pf	100 Ziegel	144 Pf
1 Pfund Weizenmehl	14 Pf	1 Bütte Holzkohle	88–108 Pf

Ein Mann musste für Kleidung (Hemd, Hose, Wams, Mantel und Schuhe) durchschnittlich 135 Tage, eine Frau für Hemd, Rock, Wams, Umhang und Schuhe durchschnittlich 245 Tage arbeiten.

Halberstadt

Es verdiente am Tag:

um 1605	ein Handwerksmeister	im Sommer 3 Mariengroschen im Winter 2 Mariengroschen
	ein Handwerksgeselle	im Sommer 2 Mariengroschen im Winter 1 Mariengroschen
	Handlanger und Frauen	im Sommer und im Winter 1 Mariengroschen

Alle erhielten zusätzlich Kost im Wert von 6 Groschen im Sommer und 4 Groschen im Winter.

Schaumburg

1 Taler = 36 Mariengroschen (Mgr) - 1 Mariengroschen (Mgr) = 6–8 Pf

Es verdiente:

1620	ein Tagelöhner	mit Kost	2 Mgr
		ohne Kost	4 Mgr
	ein Zimmermeister	mit Kost	3 Mgr
		ohne Kost	6 Mgr
	ein Zimmergeselle	mit Kost	2 ½ Mgr
		ohne Kost	5 Mgr

Es kostete(n):

1 Pfund Brot	0,4 Mgr	1 Huhn	1,8 Mgr
1 Pfund Butter	3,5 Mgr	1 Ente	2,5 Mgr
1 Pfund Rindfleisch	0,8 Mgr	1 Gans	4,0 Mgr
1 Pfund Schweinefleisch	1,5 Mgr	1 Paar Kinderschuhe	7,0 Mgr
1 Pfund Ochsenfleisch	1,8 Mgr	1 Paar Frauenschuhe	15,0 Mgr
1 Pfund Käse	0,8 Mgr	1 Paar Männerschuhe	17,0 Mgr
8 Eier	1,0 Mgr	1 Hufeisen	3,0 Mgr
1 Hering	0,25 Mgr	1 Pflugschar	54,0 Mgr
1 Ochsenhaut	72,0 Mgr		

Leipzig

Aus der „Taxordnung der Stadt Leipzig“ 1631, in welcher der Verkauf von Nahrungsmitteln an die Soldaten geregelt wurde:

5 Loth Semmeln	1 Pf	1 Lamm	18 Groschen
9 Loth Brot	1 Pf	1 Pfund Butter	2 Groschen
3 Pfund Bauernbrot	10 Pf	1 Schock (= 60) Eier	5 Groschen
1 Pfund Schweinefleisch	18 Pf	1 alte Henne	2 Groschen
1 Pfund Kalbfleisch	7 Pf	1 Kanne Bier	5 Pf
1 Pfund Rindfleisch	8 Pf		

Mecklenburg

1 Schilling (S) = 12 Pf

Es verdiente:

1650	ein Zimmergeselle	10 S
	ein Tagelöhner bei freier Kost	1 ½–2 S

Es kostete(n):

1 Pfund Butter	3,5 S	1 Beil	16 S
1 Pfund Rindfleisch	2,0 S	1 Paar Stiefel	120 S
9 Heringe	2,0 S		

Schleswig-Holstein, Hamburg und Lübeck

1 Schilling (S) = 12 Pf – 2 Mark (M) = 1 Reichstaler (Rtl)

Es verdiente:

1650	ein Zimmermeister	pro Tag	18 S
	ein Zimmergeselle	pro Tag	16 S
	ein Maurermeister	pro Tag	16 S
	ein Maurergeselle	pro Tag	14 S
	ein Kuhhirt	im Jahr	3 Taler
	eine Magd	im Jahr	2 Taler
	ein Gutsverwalter	im Jahr	100 Taler und Deputat

Es kostete(n):

1 Pfund Butter	30 Pf = 2,50 S	1 Pferd	30 M = 15 Rtl
20 Eier	15 Pf = 1,25 S	100 kg Weizen	6 M 8 S
1 Huhn	18 Pf = 1,50 S	100 kg Roggen	4 M 8 S
1 Gans	72 Pf = 6,00 S	100 kg Gerste	3 M 8 S
1 Schaf	2 M = 1 Rtl	100 kg Hafer	3 M
1 Schwein	4 M = 2 Rtl	1 Paar Schuhe	11 S
1 Kuh	12 M = 6 Rtl	1 Paar Stiefel	7 M
1 Ochse	14 M = 7 Rtl		

Köln

1 Kölnischer Gulden (fl) = 24 alb	1 Kölnischer Taler = 52 alb
1 Goldgulden = 108 alb	Reichstaler = 78 alb
1 Dukat = 300 alb	1 Rosenobel = 14 Köln. Gulden = 336 alb
1 alb = 12 Heller	

Arnold Meshov, von 1620–1660 Kanoniker in Köln, trug in sein Tagebuch ein: *1634 hab ich das Haus des seligen Kann. Wilh. Heimbach vom Kapitel an S. Aposteln für 112 Goldgulden gekauft ... 1635 kaufte ich vom Kapitel an S. Aposteln das Haus mit dem Weingarten für 125 Goldgulden und Übertragung meines anderen Hauses, hab also für dies Haus gezahlt 237 Goldgulden* (156 Rtl 18 alb 6 H).

Es verdiente:

1660	ein Dachdeckermeister	pro Tag	26 alb
	ein Dachdeckergeselle	pro Tag	20 alb
	ein Dachdeckerlehrling	pro Tag	14 alb
	ein Steinmetzmeister	pro Tag	28 alb
	ein Steinmetzgeselle	pro Tag	24 alb
	ein Steinmetzlehrling	pro Tag	16 alb

Zu dieser Zeit kostete:

	alb	Heller		alb	Heller
1 Mischbrot (7 Pfund)	5	4	3 Pfund Spirlingh		
1 Semmel (95 g)	–	4	(kleine Fische)	1	–
1 Pfund Schweinefleisch	4	–	1 Hecht	30	–
1 Pfund Rindfleisch	3	–	2 Pfund Hutzucker	28	–
1 Pfund Ochsenfleisch	4	6	2 Pfund Kapern	8	–
1 Pfund Hammelfleisch	4	6	1 ½ Pfund Lebertran	8	4
1 Pfund Schinken	11	–	1 Zitrone	8	–
1 Huhn	14	–			

Eine Rheinüberquerung (ca. 500 m) kostete	mit der Fähre 1652		über eine Pontonbrücke 1680	
	alb	Heller	alb	Heller
1 Person	–	8	–	8
1 Reiter mit 1 Pferd	4	–	4	–
1 Karre mit 1 Pferd	8	–	8	–
1 Karre mit 2 Pferden	12	–	17	4
1 Karre mit 4 Pferden	22	–	34	8
1 Tonne Bier oder Wein	3	–	3	8
1 Ochse, Kuh oder Rind	3	–	4	–
1 Schwein	1	–	2	–
1 Kalb	–	8	–	8
1 Schaf	–	6	–	4

Bei Hochwasser, Eisgang und nach Einbruch der Dunkelheit wurde doppelter Tarif erhoben.

Kurfürstentum Trier

1 Trierischer Gulden = 1 Ortstaler oder Florin = 60 Kreuzer = 240 Pfennig
1 Kreuzer (Kr) = 4 Pfennig (Pf) oder Batzen
1 Gulden = $^{2}/_{3}$ Reichstaler

Es kostete(n) 1625-1643:

1 Pfund Butter	5 Kr	1 Zitrone	5 Kr
1 Pfund Zucker	25 Kr	1 Frauenbluse	20 Kr
1 Pfund Rindfleisch	6 Kr	1 Rock	20 Kr
1 Huhn	8 Kr	1 Wams	24 Kr
1 Gans	32 Kr	1 Paar Frauenschuhe	68 Kr
1 Pfund Hecht	14 Kr	Jährl. Schulgeld für die Lateinschule	2 Rtl
1 Pfund Forellen	20 Kr		

Nach einer Münzvergleichstabelle von 1687 entsprachen:

Münze	Gulden	Kreuzer	Heller
1 Reichstaler	1	30	–
1 Rheinischer Gulden	–	60	–
1 Badischer Gulden oder 32 alb	–	53	1 $^{1}/_{3}$
1 Mosel-Gulden oder 32 alb	–	40	–

Die Albusmünze wurde auch „Petermännchen“ genannt, weil auf der Vorderseite der hl. Petrus abgebildet war.

Der Jahreslohn bzw. das Jahreseinkommen betrug:

um 1680	einer Köchin	10 Rtlr
	eines Schneiders oder Dieners	24 Rtlr
	eines Ratsherrn	1200 Rtlr

Nach der „Artzney-Ordnung" von 1680 erhielten:

studierte **Ärzte**	für ein Rezept	6 alb
	für einen Rat und ein Rezept	½ Rtl
	für ein schriftliches Gutachten	2–4 Rtl
	für einen Hausbesuch bei Tag	½ Rtl
	für einen Hausbesuch bei Nacht	1 Gl oder 36 alb
handwerklich ausgebildete **Wundärzte**	für die Behandlung eines Beinbruchs	10–12 Rtl
	für einen Armbruch	4 Rtl
	für eine gewöhnliche Gliedeinrenkung	2 Rtl
	für die Behandlung einer Wunde	1–3 Rtl
	für eine Gliedamputation (wenn der Patient danach stirbt, die Hälfte)	16 Rtl
	einen Blasenstein zu operieren (wenn der Patient danach stirbt, die Hälfte)	20 Rtl
	für die Operation eines Darm- oder Hodenbruchs	12 Rtl
	für das Stechen eines Stars	8 Rtl
	für Krebsgeschwüre zu schneiden	8–10 Rtl
handwerklich ausgebildete **Apotheker** nach ärztlichem Rezept	für einen Sirup herzustellen	9 alb
	für die Herstellung einer Latwerge	4 alb
	für die Herstellung eines Pulvers	6 alb
	für die Herstellung einer Dosis Pillen	4 alb
	für ein Klistier zu applizieren	12 alb
	für ein Pflaster herzustellen	4–6 alb

Es kostete(n):

	Lebensmittel	**Gulden**	**Kreuzer**
um 1680	1 Pfund Roggenbrot		1
	1 Maß (2 Liter) Wein		8
	1 Pfund Rindfleisch		4 ½
	7 Pfund Butter	1	
	1 Paar Schuhe	2	

Passau

Es kostete(n):

1681		Kreuzer	Pfennig
	1 Pfund Rindfleisch	3	-
	1 Pfund Kalbfleisch	2	2
	1 Pfund Schweinefleisch	5	-
	1 Pfund Butter	8	-
	1 Pfund Schmalz	9	-
	1 Scheffel (= 0,9 m³) Hafer	30	-
	1 Gans	16	-
	1 Ente	8	-
	4 Eier	1	-
	1 Maß Bier	3	-
	1 Maß Wein	10	-
	1 Pfund Kerzen	8	-
	1 Klafter (= 0,9 m³) Buchenholz	15	-

Bayern

Als Tageslohn erhielt:

1692	ein Meister	ein Geselle	ein Handlanger	ein Mäher
	105 Pf	91 Pf	49 Pf	43 Pf

Zu dieser Zeit kostete:

1 Pfund Butter	36 Pf	1 Huhn	20 Pf
1 Pfund Schmalz	35 Pf	1 Gans (5 kg)	58 Pf
1 Pfund Mehl	1 Pf	1 Pfund Rindfleisch	18 Pf
1 l Milch	5 Pf		

Aus einigen Gebührenordnungen für Scharfrichter

In **Darmstadt** erhielt der Scharfrichter um **1600**:

für das Anlegen eines Halseisens	1 Goldgulden
für eine Tortur	2 Goldgulden
für eine Folterung	5 Goldgulden
für das Abschneiden von Nase und Ohren	5 Goldgulden
für das Henken	10 Goldgulden
für das Enthaupten	10 Goldgulden
für das Verbrennen einer Hexe	14 Goldgulden
für das Vierteilen	15 Goldgulden
für das Sieden in Öl	24 Goldgulden
für das Begraben eines Hingerichteten	1 Goldgulden

In **Köln** erhielten **1629**:

die Schöffen bei einem Hexenprozess pro Tag	3 Goldgulden
Haftmeister und Gerichtsboten pro Tag je	1 Goldgulden

in **Coesfeld** erhielt der Scharfrichter **1631**:

für eine Tortur	3 Taler
für das Enthaupten	5 Taler
für das Verbrennen einer Hexe	5 Taler

In **Kurtrier** wurden **1682** folgende Scharfrichtergebühren festgesetzt:

für das Henken oder Enthaupten	4 Rtlr
für eine Folterung	2 Rtlr
für eine Ausstreichung mit der Rute	2 Rtlr
jemanden zu wippen	2 ½ Rtlr

Das 18. Jahrhundert

Wiederum hatten deutsche Länder unter zahlreichen Kriegen zu leiden. Von 1700-1721 dauerte der „Nordische Krieg“ Russlands, Polen-Sachsens und Dänemarks (ab 1715 auch Preußens) gegen Schweden. Von 1701–1713 wurde der „Spanische Erbfolgekrieg“ von England, den Niederlanden und Österreich gegen Frankreich, Bayern und Köln um die französische Vorherrschaft in Europa geführt. 1733 entbrannte der „Polnische Erbfolgekrieg“ (bis 1738) um Friedrich August von Sachsen und Stanislaus Leszczynski. Der „Österreichische Erbfolgekrieg“ Österreichs mit England und den Niederlanden gegen Frankreich, Spanien, Preußen und Bayern dauerte von 1741 bis 1748. König Friedrich II. von Preußen führte 1744–1745 den „Zweiten Schlesischen Krieg“ im Bündnis mit Frankreich gegen Österreich. 1756 begann Friedrich von Preußen den „Siebenjährigen Krieg“ (bis 1763) gegen Österreich, Russland, Frankreich und Kursachsen um Schlesien. 1772 erfolgte die erste, 1793 die zweite und 1795 die dritte Teilung Polens zwischen Österreich, Preußen und Rußland. 1792 erklärte Frankreich Österreich, das durch Preußen unterstützt wurde, den Krieg. In der Folge besetzten französische Truppen das linke Rheinufer.

In Berlin wurde im Jahre 1700 eine Steuer für unverheiratete Frauen eingeführt. In Köln wurde 1705 das erste Papiergeld im Deutschen Reich ausgegeben. 1716 gab es allein am Rhein 32 Zollstellen. 1750 wurde in Preußen der 14-Taler-Fuß (Graumannsche Münzfuß) ausgegeben. 1753 einigten sich Österreich und Bayern auf ein einheitliches Münzsystem (Konventions-Münzordnung). 1780 wurde der Maria-Theresientaler ausgegeben, der wegen seiner weltweiten Bedeutung als Handelsmünze noch heute mit unveränderter Jahreszahl nachgeprägt wird. 1790 wurden die Assignaten (Staatsobligationen auf die beschlagnahmten Güter der Krone, der Kirche und der Emigrierten) offizielles Zahlungsmittel.

In deutschen Staaten wurde – wie auch in anderen absolutistisch regierten Ländern Europas – die Wirtschaft staatlich gelenkt (Kameralismus), wobei vor allem das eigene Gewerbe gefördert wurde. Ausfuhrverbote und Ausfuhrzölle sorgten dafür, dass keine Rohstoffe ins Ausland gelangten, die auch im eigenen Land weiterverarbeitet werden konnten; so sollte die Ausfuhr von eigenen Fertigerzeugnissen wachsen. Andererseits behinderten Einfuhrzölle und sogar Einfuhrverbote für fremde Erzeugnisse den Wettbewerb. Auch die Landwirtschaft wurde gefördert und steigerte die Produktion. In der zweiten Hälfte des 18. Jahrhunderts stiegen die Agrarpreise vor allem wegen steigender Nachfrage infolge von Bevölkerungszunahme.

Frankfurt

1 Reichstaler (Rtlr) = 45 Albus (alb)	1 alb = 8 Pfennig (Pf)

Es verdiente:

um 1700	ein Zimmermeister	am Tag	14 alb
	ein Maurermeister	am Tag	12 alb
	ein Maurergeselle	am Tag	11 alb
	ein Handlanger	am Tag	7-11 alb
	ein Wagner	am Tag	12 alb
	ein Sattler	am Tag	10 alb
	eine weibliche Hilfskraft	am Tag	5 alb

Es kostete zu dieser Zeit:

1 Kuh	10 Rtl	1 Bügeleisen	40 alb
1 Ochse	20 Rtl	1 Besen	3 Pf
1 Pferd	30 Rtl	1 Stuhl	16 alb
1 Paar Stiefel	4 Rtl	1 Eimer	10 alb
1 Paar Strümpfe	20 alb	1 Korb	4 alb

Es kostete(n) um 1735:

1 Käse	5 Kreuzer	1 Glas	5 Kreuzer
1 Milchbrot	16 Kreuzer	1 Knopf	6 Kreuzer
1 Kuchen	30 Kreuzer	1 kl. Schreibbuch	8 Kreuzer
1 Torte	150 Kreuzer	1 Tag Stallmiete für ein Pferd	10 Kreuzer
1 Hühnerpastete	80 Kreuzer		
500 g Tee	120 Kreuzer	1 Besen	20 Kreuzer
1 Maß Hochheimer Wein	60 Kreuzer	1 Paar wollene Kindersocken	30 Kreuzer
1 Küchenmesser	30 Kreuzer	1 P. Damensocken	48 Kreuzer
1 P. Kinderschuhe	36 Kreuzer	1 P. Herrensocken	80 Kreuzer
1 P. Damenschuhe	72 Kreuzer	500 g Kerzen	40 Kreuzer
1 P. Herrenschuhe	94 Kreuzer	1 Gesangbuch	60 Kreuzer
Seife	90 Kreuzer	1 Bibel	150 Kreuzer
1 Kupferpfanne	200 Kreuzer	1 Perücke	272 Kreuzer
1 silberner Becher	806 Kreuzer	Schulgeld für ½ Jahr	180 Kreuzer

Hamburg und Lübeck

1 Reichstaler (Rtlr) = 3 Lüb. Mark (Mk) = 848 Schilling (ß)

Um 1700 kostete(n):

1 Pfund Butter	4 ß	100 kg Weizen	9 Mk
20 Eier	4 ß	100 kg Roggen	6 Mk
1 Huhn	4 ½ ß	100 kg Gerste	5 Mk
1 Gans	12 ½ ß	100 kg Hafer	4 Mk
1 Schaf	3 Mk	1 Paar Schuhe	33 ß
1 Schwein	7 Mk 8 ß	1 Paar Stiefel	7 Mk
1 Kuh	24 Mk		
1 Ochse	15 Rtl		
1 Arbeitspferd	16 Rtl		

Bayern

Es verdiente:

1712	ein Handwerksmeister	am Tag	105 Pf
	ein Handwerksgeselle	am Tag	91 Pf
	ein Angelernter	am Tag	49 Pf
	ein Mäher	am Tag	43 Pf

Es kostete(n) zu dieser Zeit:

1 Liter Milch	7 Pf	1 Huhn	24 Pf
500 g Butter	40 Pf	1 Gans	72 Pf
500 g Schmalz	37 Pf	125 kg Roggen	2980 Pf
1 kg Rindfleisch	14 Pf		

Seit 1753 galt in Österreich und Bayern:
1 Gulden = 60 Kreuzer 1 Kreuzer = 4 Heller

Stralsund

Es kostete	1730	1767
1 Huhn	18-24 Lüb. Pf	36-42 Lüb. Pf
1 Gans	72 Lüb. Pf	108-120 Lüb. Pf

Mecklenburg

1 Taler = 48 Schilling (ß)	1 ß = 12 Pf

Es verdiente:

1752	ein Pferdeknecht	in der Woche	6 ß
	ein Münzschmied in Schwerin	in der Woche	2 Taler 16 ß
	ein Stempelschneider	in der Woche	6 Taler

Es kostete(n) zu dieser Zeit:

1 Semmel	3 Pf	1 Pfund Zucker	20 ß
20 Eier	5 ß	1 Krug Bier	1 ß

Postgebühren

Der nach dem Postvertrag von 1743 eingerichtete linksrheinische Postkurs von Mannheim nach Köln betrug 24 Meilen. Der Fahrgast hatte für 1 gefahrene Meile 20 Kreuzer, für 3 Meilen 1 Gulden (= 60 Kreuzer) und somit für die Fahrt von Mannheim nach Köln 8 Gulden zu zahlen. Für Pretiosen und Barschaften kamen auf 100 Gulden noch 32 Kreuzer hinzu. 1 Zentner Gepäck kostete auf 1 Meile 12 Kreuzer, also von Mannheim nach Köln 4 Gulden 48 Kreuzer. Der Tarif für einen reitenden Eilboten des kaiserlichen Reichspostamtes von Mannheim nach Köln betrug 18 Gulden 15 Kreuzer. Die Postgeldtaxe musste in den kurpfälzischen Landen wegen Fourageverteuerung infolge des ersten Koalitionskrieges der verbündeten Mächte Europas gegen das revolutionäre Frankreich von 1 Gulden je Pferd und Station auf 2 Gulden erhöht werden. In der zweiten Hälfte des 18. Jahrhunderts kostete eine Fahrt mit der Postkutsche von Köln nach Düsseldorf oder umgekehrt 1 Gulden courant (zu 39 Stüber gerechnet). Frachtgut von 1 Zentner Gewicht kostete 30 Stüber. Die Beförderung eines einfachen Briefes kostete 4 Albus.

Süddeutschland

1 Gulden = 60 Kreuzer	1 Kreuzer = 4 Heller

Es verdiente:

1760	ein Tagelöhner	am Tag	20 Kreuzer
	ein Vorarbeiter	am Tag	40 Kreuzer
	ein Facharbeiter	am Tag	80 Kreuzer
	ein Lehrling	am Tag	12 Kreuzer

Es kostete:

1760	ein gutes Essen mit Bier	12 Kreuzer
	Stallmiete für 1 Pferd mit Hafer je Nacht	1 Kreuzer
	Miete für eine Pferdedroschke für 1 Tag	4 Gulden 30 Kreuzer

Preußen

Es verdiente nach der Berliner Gesinde-Ordnung vom 12. Februar 1718:

Verdienste mit Verpflegung und Logis	Jahresverdienst in Rtlr	in Gr	Wochenverdienst ∅ in Groschen
ein Lakai	10–12	240–288	5
ein Junge von 12–16 Jahren	5–6	120–144	3
ein Knecht, der ohne Kleidung bei Ackerbau, im Fuhrgeschäft, beim Brauen und Malzmachen oder anderer schwerer Arbeit dient	18–20	432–480	9
eine Köchin, die nur gut kochen und braten kann	8–12	192–288	4 ½
eine Magd, die zum Nähen, Waschen und zu anderer Hausarbeit gebraucht wird	8–9	192–216	4
ein Kammermädchen	12–16	288–384	6 ½
ein Kindermädchen	6	144	3
eine Amme, die nicht verheiratet ist und kein lebendes Kind hat	12–14	288–336	6
eine Amme mit einem lebendigen Kind	16–20	384–480	8

Seit 1750 galt in Preußen:
1 Reichstaler (Rtlr) = 24 gute Groschen (Gr) zu 12 Pf = 288 Pf

Es verdiente in **Berlin** im Jahr:

2. Hälfte 18. Jahrhundert	ein Handwerksgeselle	8-9 Rtlr
	ein Kutscher bei freier Unterkunft u. Kost	12-16 Rtlr
	ein Diener	10-12 Rtlr
	eine Köchin	8-18 Rtlr und 21-24 Gr Kostgeld
	ein Dienstmädchen	8-16 Rtlr und 12 Gr Kostgeld
	ein Gymnasiallehrer	20 Rtlr
	ein Konrektor	48 Rtlr
	ein Rektor	135 Rtlr

Es verdienten Soldaten bei der Infanterie im Monat:

ein Infanterist	5 Rtlr 4 Gr	abzüglich 1 Taler 5 Groschen für Kleidung und sonstige Kosten
ein Fähnrich	11 Rtlr	abzügl. 3 Taler für Kleidung etc.
ein Leutnant	14 Rtlr	abzügl. 4 Taler für Kleidung etc.

Es verdienten Soldaten bei der Kavallerie im Monat:

ein Korporal	4 Rtlr	inklusive Versorgung der Pferde
ein Wachtmeister	6 Rtlr	inklusive Versorgung der Pferde
ein Leutnant	24 Rtlr	inklusive Versorgung der Pferde
ein Rittmeister	90 Rtlr	inklusive Versorgung der Pferde

Roggenpreise in **Berlin** für 1 Scheffel (= etwa 40 kg):

1740 (Mißernte)	1741–1756	1771 „Hungerjahr“
1 Rtlr 21 Gr	19–20 Gr	bis über 2 Rtlr

Ein „Haufen“ Holz (18 m³) kostete:

1740	1765	1785
8 Rtlr	20 Rtlr	16 Rtlt 12 Gr

Man zahlte z.B. für:	Rtlr	Gr
1 Zentner pommersche Rohwolle	27–28	
1 Zentner feinste schlesische Rohwolle	64	
1 Pfund feine Daunenfedern		11
60 einjährige Spargelpflanzen		16
1 Orangenbäumchen		12

In normalen Jahren kostete(n) in **Berlin**:	Rtlr	Gr	Pf
1 großes Brot (1,5 kg)		1	
1 Pfund (= 467,7 g) Schweinefleisch			10–12
1 Pfund Rindfleisch			12–30
1 Pfund Butter		3–4	
1 Pfund Schinken		3–3 ½	
1 Pfund Speck		3	6
1 Ei			2–4
1 Pfund Parmesankäse		7	
1 Pfund Limburger oder Edamer Käse		3–4	
1 Pfund Zucker		4–7	
1 Pfund Mandeln mit Schale		4	6
1 Pfund Rosinen		2	6
1 Zitrone		2	
1 Pfund Trüffel	2	12	
1 Pfund ausländischer Tabak		20–36	
1 Quart (1,1 l) Bier			12–18
1 Quart guter deutscher Branntwein		3	6
1 Quart französischer Landwein		4–8	
1 Quart bester Burgunder		15–18	
1 Quart (= 1 Flasche) Champagner	1	2–8	
1 Quart Tokayer		8–24	
2 Quart (= 1 Flasche) deutscher Wein		11–12	
1 Huhn		2	
1 Gans		8	
1 Schaf	1		
1 Kuh	15–20		
1 Reitpferd	40–60		

Hotel- und Restaurantkosten in Berlin	Hotel 1. Klasse		Hotel 2. Klasse		Hotel 3. Klasse		Restaurant	
	Gr	Pf	Gr	Pf	Gr	Pf	Gr	Pf
eine Übernachtung	ab 10		8–10		6			
ein mehrgängiges Mittagessen	16		6–8		3		3–12	
ein mehrgängiges Abendessen	12							
Butterbrot mit Braten	1	6						
Ein junges Brathuhn mit Gurkensalat							8	

Für Spareinlagen über 50 Rtlr erhielt man 2,5 % Zinsen, wobei die Leihgebühr 5 % betrug.
Die Mieten in Berlin machten etwa 5 % des Haus- und Grundstückswertes aus.
Die Miete für eine Kutsche mit Kutscher für eine Fahrt von Potsdam nach Berlin und zurück betrug 20 Gr, für einen Tag 2 Rtlr.
Für eine Reise mit der Postkutsche zahlte man für 20 km 20 Silbergroschen. Die Dauer betrug etwa 3 Stunden. 10 Pfund Reisegepäck waren frei. Vor der Abfahrt musste man 1 Stunde bereit sein.

In **Spandau** kostete(n):

1780		Rtlr	Gr
	1 großer Aal		12
	9 Kiebitzeier		4
	1 Rock mit Weste für einen Handwerksgesellen	12	
	1 Rock mit Weste für einen wohlhabenden Bürger	50	
	1 Hose mit Strümpfen für einen Handwerksgesellen	3	
	1 Hose mit Strümpfen für einen wohlhabenden Bürger	12	
	1 Perücke	2	
	1 Spiegel im Format 20 x 25 cm		22
	1 Spiegel im Format 95 x 150	312	

Haan (bei Düsseldorf im Bergischen Land)

An Schulgeld musste pro Kind und Monat im Jahre 1760 gezahlt werden:
- im Winter 7 ½ Stüber
- im Sommer 6 Stüber

Dresden

1 Taler (Tlr) = 24 Groschen (Gr)	1 Gr = 12 Pf

Es verdiente:

1764	ein Arbeiter pro Tag	4 Gr
	ein Maurer pro Tag	6 Gr
	ein Zimmermann	6 Gr

Es kostete(n) zu dieser Zeit:

	Tlr	Gr	Pf		Tlr	Gr	Pf
5 Pfund Brot	–	4	–	1 Steingut-Topf	–	2	–
1 Pfund Rindfleisch	–	1	9	1 Steingut-Teller	–	–	6
1 Pfund Kalbfleisch	–	2	–	1 P. Kinderstrümpfe	–	12	–
1 Pfund Schweinefl.	–	2	3	1 P. Frauenstrümpfe	–	13	–
1 Pfund Leberwurst	–	3	–	1 P. Männerstrümpfe	–	18	–
1 Pfund Zucker	–	9	–	1 Paar Stiefel	15	–	–
1 Schock (60 St.) Eier	–	9	–	1 Hut	2	–	–
1 Scheffel Korn	1	18	–	1 Elle (68,5 cm) Leinen	–	3	–
1 Scheffel Weizen	1	4	–	1 Elle Tuch	–	20	–
1 Pfund Seife	–	3	6	1 Regenschirm	1	8	–

Schleswig-Holstein

Es verdiente:

1768	ein Tagelöhner am Tag	96 Pf
	ein Mäher am Tag	72 Pf
	ein Feldarbeiter	120 Pf
	eine Waschfrau	96 Pf und Kost
1797	ein Großknecht im Jahr	63 Mark plus Kost und Logis
	ein Unterknecht im Jahr	57 Mark plus Kost und Logis

Anhalt-Dessau

Es verdiente:

1770	ein Tagelöhner im Jahr	50 Tlr
	ein Maurer im Jahr	72 Tlr
	ein Lehrer in Oranienbaum	158 Tlr
	ein Lehrer in Wörlitz	192 Tlr
	ein Lehrer in Krakau	114 Tlr
	ein Lehrer in Griesen	80 Tlr

Elberfeld

1 Taler (Tlr) = 60 Stüber 1 Stüber = 16 Pfennig

Preise im Vergleich:

Lebensmittel	1748	1773/74
100 Pfund Rindfleisch	5 ½ Rtlr	8 ½ -9 Rtlr
1 Pfund Schweinefleisch	3 ½ Stüber	8 ½-9 Stüber
1 Pfund Butter	5 Stüber	8 Stüber
1 Maß Milch	1 ½ Stüber	2 ½ Stüber
1 Schwarzbrot (12 Pfund)	8-10 Stüber	13-15 Stüber

Frankfurt und Offenbach

So viel verdienten die Beschäftigten in den Fayencemanufakturen in **Frankfurt-Höchst** und **Offenbach** um 1770-1786:

Position	Monatsverdienst	Position	Monatsverdienst
Direktor	2003 Kr u. Gewinn	Glasurmüller	600-840 Kreuzer
Modellmeister	2400 Kreuzer	Masseschlämmer	720 Kreuzer
Maler und Staffierer	840-2100 Kreuzer	Tagelöhner	480-600 Kreuzer
Farbenhersteller	1200 Kreuzer	Malerlehrling	300 Kreuzer
Dreher und Former	600-1440 Kreuzer	Dreherlehrling	240 Kreuzer
Brenner	720-1200 Kreuzer		

Zu dieser Zeit kostete(n):

1 Weck	1 Kreuzer	500 g Schweinefleisch	6 Kreuzer
1 Liter Roggenmehl	2–3 Kreuzer	3 kg Schwarzbrot	12 Kreuzer
1 l Erbsen, Linsen, Bohnen	3 Kreuzer	500 g Butter	15 Kreuzer
2 l Milch	5 Kreuzer		

Fayence-Produkte und Porzellan kosteten zu dieser Zeit:

Artikel	Ausstattung	Ort	Preis in Kreuzer
Schokoladenbecher	Fayence, einf. weiß	Offenbach	4
Schokoladenbecher	Fayence, fein bemalt	Offenbach	8
kleine Schüssel	Fayence	Offenbach	6
Senfnapf	Fayence	Offenbach	8
Zuckerschale	Fayence	Offenbach	12
Handleuchter	Fayence	Offenbach	12
Milchkanne	Fayence	Offenbach	12
Barbierbecken	Fayence	Offenbach	16
Teekanne	Fayence	Offenbach	16
Schreibzeug	Fayence	Offenbach	18
Blumenvase	Fayence	Offenbach	20
Henkeltasse	Fayence	Offenbach	24
Kaffeekanne	Fayence	Offenbach	24
Butterschale m.Teller	Fayence	Offenbach	24
Terrine	Fayence	Offenbach	24
große Schüssel	Fayence	Offenbach	30
Schokoladenkanne	Fayence	Offenbach	30
Wasserkessel	Fayence	Offenbach	36
Kanne mit Waschbecken	Fayence	Offenbach	60
Kaffeeservice für 12 Personen	Fayence, einfach	Mosbach	296
dito	Porzellan, einfach	Frankenthal	638
dito	Porzellan, einfach mit Blumen bemalt	Höchst	2160
dito	Porzellan, fein mit Blumen bemalt	Höchst	4200
dito	Porzellan, extra fein mit Blumen bemalt	Höchst	7500
dito	Fayence, kunstvoll bemalt	Flörsheim	8214

Der durchschnittliche Monatsverdienst eines Fayence-Arbeiters betrug 960 bis 1020 Keuzer. Um sich ein einfaches Kaffeeservice für 12 Personen kaufen zu können, musste er etwa 7 Tage lang arbeiten. Für ein vergleichbares Service arbeitet ein Fabrikarbeiter heute zwei Stunden. Für ein kunstvoll bemaltes Tafelservice hätte der Fayence-Arbeiter mehr als 8 Monatslöhne ausgeben müssen. Der angestellte Handwerker konnte sich sein eigenes Produkt also nur in der allereinfachsten Ausführung leisten.

Erkelenz

6 Fettmenger = 3 Stüber = 4 Albus (alb)
1 Schilling = 10 alb 1 Rtlr = 80 alb

Durchschnittliche Kornpreise 1750-1775:

Jahr	Weizen		Gerste		Hafer		Buchweizen	
	Rtlr	alb	Rtlr.	alb	Rtlr	alb	Rtlr	alb
1750	4	77	2	40	1	53	2	40
1751	4	72	2	10	1	55	2	20
1752	3	77	2	12	1	56	1	55
1753	2	55	1	60	1	42	1	60
1754	3	23	2	38	1	51	2	-
1755	2	65	1	73	1	08	1	70
1756	3	44	2	30	1	51	2	01
1757	5	46	3	18	2	20	3	28
1758	5	60	2	60	2	42	2	74
1759	5	75	2	76	2	36	2	76
1760	5	25	3	55	2	48	3	06
1761	5	55	3	05	2	46	2	68
1762	6	62	3	71	2	73	3	45
1763	4	53	2	34	1	49	2	43
1764	4	61	2	15	1	43	2	14
1765	5	07	2	39	1	59	2	49
1766	4	56	2	51	2	03	3	-
1767	5	47	2	53	1	75	3	-
1768	6	55	2	57	2	15	2	69
1769	5	13	2	04	1	27	2	35
1770	5	05	3	13	2	21	2	75
1771	7	66	4	56	2	36	4	13
1772	6	56	3	61	2	78	3	65
1773	7	36	4	03	2	61	4	03
1774	7	-	2	73	2	11	3	12
1775	7	08	3	23	2	28	3	07

Haan (bei Düsseldorf im Bergischen Land)

Es verdiente:

um 1786	am Tag bei 12-stündiger (und mehr) Arbeit	Stüber
	ein Schmiedemeister	20
	ein Bandwirker	15
	ein Tagelöhner	12
	ein Kohlentreiber	8
	ein Draufschläger in der Schmiede	7
	ein Kind als Handlanger	1

Es kostete:

um 1786		Stüber
	1 Roggenbrot (11 Pfund)	7
	1 Pfund (459 g) Fleisch	3
	1 Pfund Zucker	10
	1 Maß (= 1 ½ l) Bier	1
	1 Pfund Butter	8
	1 Pfund getrocknete Pflaumen	4
	1 Hose	80
	1 Schürze	40

Bonn

1 Rtlr = 60 Stüber

Es verdiente:

1792	ein Handwerksmeister am Tag	30 Stüber
	ein Handwerksgeselle am Tag	24 Stüber
1795	ein Arbeiter an Lohn und Kost	30 Stüber
1796	ein Tagelöhner am Tag	20 Stüber

Es kostete:

1792	1 Brot	6 Stüber
	1 Pfund Fleisch	3 ½ Stüber
	1 Pfund Butter	7 ½ Stüber
1795	1 Ohm (= 141,86 l)	40 Rtlr
1796	1 Ohm Wein	50 Rtlr
	1 Pfund Butter	12 Stüber
	1 Pfund Kaffee	36 Stüber
	1 l Wein	20 Stüber

Köln

½ Gulden zu 26 Albus (alb) = 1 Livre

Es verdiente:

1795	eine Küchenhilfe in der Woche	72 alb
	ein Fabrikarbeiter in der Woche	192-240 alb

Es kostete zu dieser Zeit:

1 Pfund Ochsenfleisch	6 alb 4 Heller	ein Huhn	5 alb
1 Pfund Schweinefl.	10 alb		

Das 19. Jahrhundert

Nach dem Ende der Herrschaft Napoleons und der Neuordnung Europas beim Wiener Kongress 1814/15 bestand Deutschland aus 24 größeren und kleineren Fürstentümern, die weiterhin ihre eigenen Münzen prägten. Erst durch die Gründung des Deutschen Kaiserreichs 1871 wurde das Geldwesen vereinheitlicht. Politische und wirtschaftliche Unruhen führten 1844 zum Aufstand der Weber in Schlesien und 1848 zur Märzrevolution in Deutschland und Österreich.

Durch den Einsatz der 1769 in England erfundenen Dampfmaschine begann die „Industrielle Revolution", die dann auch in Deutschland im 19. Jahrhundert die Arbeitswelt gravierend veränderte. Handarbeit wurde durch Maschinenarbeit ersetzt, wodurch größere Gütermengen (Massenproduktion) fabrikmäßig hergestellt werden konnten. Der Boden wurde intensiver genutzt, wodurch die landwirtschaftliche Produktion gesteigert werden konnte. Die Infrastruktur wurde durch Straßen- und Eisenbahnbau sowie den Einsatz von Dampfschiffen verbessert, wodurch die produzierten Güter schneller transportiert werden konnten. Die Bevölkerung wuchs von 23 Millionen Menschen im Jahre 1800 auf 56 Millionen Menschen im Jahre 1900 an. Während insgesamt die Massenarmut beseitigt wurde und das reale Pro-Kopf-Einkommen stieg, entstanden andererseits neue Klassengegensätze. Die „Landflucht" und die Entstehung von Großstädten, in denen Arbeit geboten wurde, führte schließlich zu starken sozialen Spannungen zwischen Fabrikbesitzern und Industriearbeitern.

1837 beschloss die Münzvereinigung süddeutscher Staaten einen 24 ½-Gulden-Fuß. 1838 wurde der Münzverein der Zollvereinsländer gegründet. Er beschloss die Prägung einer gemeinsamen Münze und legte zwei Währungsgebiete fest: das Talergebiet in Nord- und das Guldengebiet in Süddeutschland.

1 Taler = 30 Groschen – 1 Groschen = 12 Pfennig
1 Gulden = 60 Kreuzer – 1 Kreuzer = 12 Heller

Preußen führte in der zweiten Hälfte des 18. Jahrhunderts erfolgreich mehrere Kriege: 1864 mit Österreich gegen Dänemark um Schleswig-Holstein, 1866 gegen Österreich und den Deutschen Bund und 1870/71 gegen Frankreich. Auf Initiative Otto von Bismarcks ließ sich der preußische König als Wilhelm I. in Versailles zum deutschen Kaiser krönen. 1871/73 führte das Deutsche Reich die Goldwährung ein. Ab 1. Januar 1876 wurde dann die Mark alleiniges gesetzliches Zahlungsmittel.

1 Mark = 100 Pfennig

Ruhrgebiet

Es verdiente:

nach 1800	ein Zimmer- oder Maurermeister täglich	18 Stüber und Kost
	ein Zimmer- oder Maurergeselle täglich	15 Stüber und Kost
	ein Brenner im Jahr	68 Taler
	ein Bergarzt im Jahr	50 Taler
	ein Chirurg je Bergarbeiter im Jahr, wobei er die von ihm verordneten Medikamente selbst bezahlen musste	1–2 Taler
	ein Tierarzt für die Behandlung der Grubenpferde	100 Taler

Weimar

Es verdiente im Haushalt des Dichters und Wundarztes Friedrich v. Schiller bei freier Kost und Logis im Jahr:

1802	Schillers Diener Rudolf	40 Taler
	Jungfer und Magd von Schillers Frau Lotte zusammen	42 Taler

Es kostete:

1802	1 Pfund Zucker	7 ½ Groschen
	1 Pfund Kaffee	12 Groschen
	Tuch für Schillers Hof-Überrock	25 Rtlr
1805	Sarg Schillers	3 Rtlr

Lippstadt

Es kostete:

1812	1 Pfund Butter	12–15 Stüber
	1 Pfund Kaffee	1 Tlr 4 Gr

Köln

1 Silbergroschen (Sgr) = 12 Pfennig (Pf)	1 Stüber = 2 Pf
1 Taler (Tlr) = 24 gute Groschen (Gr)	1 Mark = 30 Kreuzer

Es verdiente:

1817	ein Arbeiter oder eine Arbeiterin in einer Stecknadelfabrik je nach Leistung am Tag	9-20 Gr
	ein Kind je nach Leistung im Jahr	7 ½--30 ½ Taler
	ein Arbeiter oder eine Arbeiterin in einer Tabakfabrik je nach Leistung am Tag	8-10 Gr
	dto. im Akkord pro Tag	12–15 Gr
	ein Kind in einer Tabakfabrik am Tag	2–5 Gr

Es kostete:

1814	ein Brief von Köln nach England	4 Gr		
	ein Abonnement der „Kölner Zeitung" für 3 Monate bei viermaligem Erscheinen/Woche	3 Rtl. 20 Stüber		
1825	ein Reise mit dem Dampfschiff von Rotterdam nach Köln im Pavillon (inkl. 30 kg Gepäck)	32 Gulden		
	dto. 2. Klasse (inkl. 30 kg Gepäck)	24 Gulden		
	dto. 3. Klasse (inkl. 30 kg Gepäck)	8 Gulden		
1828		Tlr	Sgr	Pf
	1 Schwarzbrot (4 Pfund)		5	3
	1 Weißbrot		5	4
	1 Pfund Butter		4	10
	1 Portion Kaffee		2 ½	-
	1 Maß Bier			8
	1 Quart (1,5 l) Maitrunk		12	-
	1 Scheffel Weizen	2	15	-
1830	1 Pfund Tabacco de Becco	12 Mark		
	1 Pfund holländischer Canaster	1 Berliner Taler		

Schleswig-Holstein, Hamburg und Lübeck

Es kostete(n):	1800			1860		
	Rtlr	Mark	Schilling	Rtlr	Mark	Schilling
1 Pfund Butter			8			10
20 Eier			11			8 ½
1 Huhn (1 ½ kg)			6 ½			37
1 Gans (5 kg)			27		10	
1 Schaf (30 kg)		3			13	
1 Schwein (65 kg)		17			57	
1 Kuh	15			40		
1 Ochse (300 kg)	22			62		
1 Pferd	41			120		
100 kg Weizen		18			18	
100 kg Roggen		13			14	
100 kg Gerste		11			13	
100 kg Hafer		10			12	
1 Paar Schuhe		6			5	
1 Paar Stiefel		10	6		11	

Passau

Es kostete(n):	1825			1862		
	Gulden	Kreuzer	Pfennig	Gulden	Kreuzer	Pfennig
1 Pfund Butter		10			28	
1 Pfund Schmalz		12			30	
1 Pfund Käse		24			32	
4 Eier		1	2		3	1
1 Huhn		12			16	
1 Gans		36		1	-	30
1 Pfund Rindfleisch		5			13	2
1 Pfund Kalbfleisch		2	2		10	
1 Pfund Schweinefleisch		7			16	
1 Maß Bier		4			6	
1 Maß Wein		36			48	
1 Scheffel Kartoffeln	2			6		
1 Scheffel Weizen	6			20		
1 Scheffel Roggen	5			16		
1 Scheffel Hafer	2	40		5		

Dresden

1 Taler (Tlr) = 24 Groschen (Gr)	1 Gr = 12 Pfennig (Pf)

Es verdiente:

1825		Tlr	Gr	Pf
	ein Zimmermann am Tag		10	-
	ein Maurer am Tag		8	-
	ein Handlanger am Tag		6	-
um 1850	ein Weber in der Woche	2	4	-
	eine Näherin am Tag		4	-

Eine fünfköpfige Familie benötigte um 1850 bei bescheidenen Ansprüchen pro Woche etwa 3 ½ Taler.

Es kostete:

1825		Tlr	Gr	Pf
	1 kg Butter		11	-
	1 kg Rindfleisch		5	4
	1 Schock (= 60 Stück) Eier		25	-
	1 Taube		2	-
	1 Metze (= 6,4 l) Erbsen		12	-
	1 Metze Graupen		18	-
	1 Scheffel (103,828 l) Kartoffeln	1	10	-
	1 Scheffel Gerste	2	6	-
	1 Scheffel Roggen	3	4	-
	1 Scheffel Weizen	4	12	-
1850	1 Brot		1	2
	1 Pfund Butter		6	-
	1 Pfund Fleisch		4	-
	1 Pfund Mehl		1	-

Mecklenburg

Es verdiente		Schilling (ß)
1820	ein Zimmergeselle am Tag	16
1844	ein Arzt bei einem Krankenbesuch mit Rezept	12
1868	ein Kohlenträger am Tag	24-32
	ein Ausrufer am Tag	28

Folgende Heuertabelle galt:

um 1860		Taler
	der Kapitän	36
	der 1. Steuermann	24
	der 2. Steuermann	16
	der Zimmermann	18
	ein Bootsmann	15
	ein Vollmatrose	12
	ein Leichtmatrose	8
	ein Schiffsjunge	5

Stolp

Es kostete:

1825		Tlr	Gr	Pf
	1 Pfund Butter		2	6
	1 Pfund Rindfleisch		2	2
	1 Scheffel Roggen		13	-
	1 Scheffel Weizen		25	-

Niederbayern

Das Jahreseinkommen betrug:

1847		Einkommen in Mark	Kost	Logis
	Landwirtschaft			
	Hirtenknabe	14–17	+	+
	Magd	31–62	+	+
	Knecht	41–103	+	+
	Tagelöhner	111–156	+	-
	Desgleichen	156–178	-	-
	Dienstleute in Städten und Märkten			
	Dienstmagd	21–69	+	+
	Kutscher und Bedienteste	69–103	+	+
	Tagelöhner	124–178	+	-
	Desgleichen	178–273	-	-
	Gewerbe in Städten und Märkten			
	Zimmerleute, Maurer	297–312	-	-
	Löhne von Gesellen			
	Kleider- und Schuhmacher, Säckler, Bäcker, Leinweber, Schreiner, Drechsler, Bürsten- und Faßbinder, Tuchmacher	62–135	+	+
	Hutmacher, Fleischer, Glaser, Brauer, Kürschner, Müller, Anstreicher, Nagelschmiede	77–154	+	+
	Schlosser, Grobschmiede, Spengler, Geschmeißler, Zinngießer, Seifensieder, Färber	116–163	+	+
	Lebzelter, Gerber, Kupferschmiede, Seidenweber, Buchbinder	154–193	+	+
	Zimmermaler, Kunstgärtner, Uhrmacher, Buchdrucker, Schriftsetzer	154–232	+	+
	Verschiedene Dienstarten			
	Schreiber	257–514	-	-
	Handlungs-Commis	171–1371	+	+
	Apotheken-Gehilfe	171–257		
	Apotheker-Provisor	343–686		
	Lehrer			
	Schulgehilfe	89	+	+
	Schulleiter	257–686		
	Professor	857–2054		
	Katholische Geistliche			
	Bischof	13 700		
	Domdechant, Domprobst	4 300		
	Domherr	2 400–2 750		
	Pfarrer	690–4 150		
	Kaplan	257–345	+	+

Preise:

1847	Produkt	Menge	Preise in Mark
	Weizen	100 kg	15,20–21,30
	Roggen	100 kg	12,50–18,70
	Kartoffeln	100 kg	4,50
	Rindfleisch	1 kg	0,51–0,52
	Kalbfleisch	1 kg	0,30–0,41
	Schaffleisch	1 kg	0,25–0,36
	Schweinefleisch	1 kg	0,61–0,71
	Butter	1 kg	0,93–1,02
	Schmalz	1 kg	1,38–1,54
	Salz	1 kg	0,18–0,20
	Roggenbrot	1 kg	0,18–0,20
	Weizenbrot	1 kg	0,36–0,41
	Bier	1 l	0,13–0,16
	Milch	1 l	0,06–0,13
	Obstessig	1 l	0,08–0,16
	Huhn	1 Stück	0,30–0,34
	Weißkraut	100 Stück	3,09–6,86
	Brennholz für eine Familie im Jahr		62,00–82,00

Preußen

vor 1821: 1 Taler (Tlr) = 24 Gute Groschen (GG) = 288 Pfennig (Pf) nach 1821: 1 Taler (Tlr) = 30 Silbergroschen (Sgr) = 360 Pfennig (Pf)

Es verdiente:

vor 1850		Tlr	Sgr	Pf
	ein Weber in der Woche	2	3	–
	eine Stickerin oder Weißnäherin in Berlin pro Woche		4	–
	Fabrikanten in Großstädten im Jahr	20 000–40 000		

Die durchschnittlichen Lebenskosten eines Haushalts von 5 Personen pro Woche haben etwa 3 ½ preußische Taler betragen. Darin waren mit ungefähren Preisen enthalten:

vor 1850		Tlr	Sgr	Pf
	Wohnungsmiete		21	8
	3 ½ Pfund Fleisch		12	3
	3 Schwarzbrote		10	6
	6 Becher Kartoffeln		11	–
	1 ½ Pfund Butter		9	–
	¾ Pfund Kaffee		5	–
	3 Pfund Mehl		3	6
	Heizmaterial		5	–
	Gemüse		3	–
	Fett		3	–
	Reis		1	6
	Milch		2	6
	Bier		1	6
	Seife		2	–
	Schulgeld		4	–

Die Summe dieser anteiligen Beträge beläuft sich auf 3 Tlr 5 Sgr 5 Pf. Das preußische Pfund, auf das die Preise bezogen sind, belief sich auf 467,71 Gramm; es wurde zum 1. Juli 1858 durch die Gewichtseinheit des Deutschen Zollvereins (das „Zollpfund" zu 500 „Grammen") ersetzt.

1 Taler (Tlr) = 30 Silbergroschen (Sgr) 1 Sgr = 12 Pfennig (Pf)

Es verdiente:

2. Hälfte 18. Jhdt.		Tlr	Sgr	Pf
	Landwirtschaftlicher Tagelöhner bei 10–11-stündiger Arbeit neben Beköstigung:			
	in den Sommermonaten Männer		6–8	
	Frauen		4–5	
	in den Wintermonaten Männer		4–6	
	Frauen		3–4	
	Sonstiges Gesinde bei freier Kost und Logis jährlich:			
	Knechte	40-50		
	Mägde	18-30		
	Jungen	15-18		
	Handwerker bei freier Kost täglich		6–8	
	Handwerksgesellen bei freier Kost und Logis jährlich	30–40		
	Bergwerksarbeiter im Akkord täglich		12–14	
	Fabrikarbeiter je nach Tätigkeit täglich		12–20	

Der Geldbedarf einer Arbeiterfamilie betrug je nach Zahl der Familienangehörigen durchschnittlich 150 bis 190 Taler jährlich, wobei im Einzelnen ausgegeben werden musste:

2. Hälfte 18. Jhdt.		Tlr
	für Lebensmittel	100–200
	für Wohnungsmiete	15–20
	für Brennmaterial	10–15
	für Kleidung und Wäsche	20–25
	für Hausrat	3–5
	für Sonstiges inklusive Schulgeld	3–5

Dieser Bedarf von 151 bis 270 Taler (je nach Familiengröße) musste vom Verdienst des Familienvaters unter Mithilfe der Ehefrau und der älteren Kinder bestritten werden.

Besoldungen von Beamten in Preußen in Mark pro Jahr von 1849 bis 1870:

Titel	1849	1855	1860	1865	1870
Ministerien					
Minister	30 000	30 000	30 000	30 000	36 000
Unterstaatssekretär	12 000	12 000	12 000	13 500	13 500
Direktor	12 000	12 000	12 000	12 000	13 500
Vortragender Rat	7 500	7 500	7 800	7 800	7 800
Expedienten, Kalkulatoren, Registratoren, Rendanten, Kanzleidirektoren	3 000	3 150	3 450	3 450	3 600
Kanzleisekretäre	1 800	1 800	2 100	2 100	2 100
Botenmeister, Kastellane, Kanzleidiener u.a. Unterbeamte	1 035	1 035	1 050	1 050	1 200
Regierungen					
Oberpräsident	18 000	18 000	18 000	18 000	21 000
Regierungspräsident	9 225	9 225	9 225	9 450	9 450
Regierungsrat	3 600	3 900	3 900	4 500	4 500
Sekretär und Buchhalter	2 250	2 325	2 400	2 400	2 400
Bürobeamter	2 100	2 100	2 250	2 250	2 250
Kanzlist	1 425	1 425	1 650	1 650	1 650
Botenmeister, Kassendiener, Bote, Hauswächter	720	750	825	825	975

Die Stellenzulagen bei den einzelnen Beamtenkategorien sind nicht aufgeführt. Die Wohngeldzuschüsse richteten sich nach Ortsklassen und sind ebenfalls nicht aufgeführt. Bei steigenden Gehältern wurde das Mittel von Anfangs- und Endgehalt aufgeführt.

Haan (bei Düsseldorf im Bergischen Land, nach den Einnahme- und Ausgabeheften des Hofes Elp)

Es verdiente:

1855	bei 10–12-stündiger Arbeit täglich	Rtlr	Sgr	Pf
	eine Magd zuzüglich Kost und Logis jährlich	20–30		
	ein Knecht zuzüglich Kost und Logis jährlich	30–35		
1861	ein Tagelöhner am Tag		13	

Einnahmen des Hofes Elp	1863			1867			1884		
	Tlr	Sgr	Pf	Tlr	Sgr	Pf		Mk	Pf
200 Pfund Roggen	5	23	–	8	–	–			
200 Pfund Weizen	6	25	–	10	10	–			
200 Pfund Hafer	4	–	–	5	–	–			
200 Pfund Buchweizen	4	22	–	6	14	–			
200 Pfund Erbsen	5	–	–	8	–	–			
100 Pfund Kartoffeln		28	–	1	25	–			
1 Maß Wollbohnen		4	–						
1 Maß Salatbohnen		12	–						
1000 Nüsse								1	50
1 Kuh	56	–	–						
1 Ochse	86	–	–						
1 Rind	40	–	–						
1 Kalb	4	–	–						
1 Ziege	4	–	–						
2 junge Hühner		10	–						
1 Pfund Speck		6	8		7	3			
1 Pfund Schinkenfleisch		6	5						
1 Pfund Butter		8	7						
100 Kohlköpfe	1	–	–						
100 Pfund Weißkohl								2	40
100 Pfund Birnen	1	–	–						
1 Pfund getrocknete Birnen		3	6						
1 Pfund Speckbirnen									6
100 Pfund getrocknete Pflaumen	8	–	–						
100 Pfund getrocknetes Obst	7	–	–						
100 Pfund Heu	1	10	–						
100 Pfund Stroh		22	–						
Buchenholz für Holzschuhe je Fuß		5	5						
1 Maß Splitterholz zum Heizen	4	–	–						
100 Schanzen (Reisig z. Anheizen)	3	–	–						
100 Bohnenstangen	1	–	–						
1000 Ziegelsteine								20	–

Ausgaben des Hofes Elp	1863		
	Tlr	Sgr	Pf
1 Pfund Kaffee		10	6
2 Pfund Eichelkaffee		5	–
1 Pfund Reis		25	–
1 Pfund Hefe		6	–
1 Pfund Kraut		1	6
1 Maß (1 ½ l) Branntwein		7	8
100 Zigarren		27	–
1 Pfund Seife		2	8
1 Pferd	61	–	–
1 Kuh	54	–	–
1 Ochse	83	–	–
1 Ziege	4	–	–
1 Faselschwein (zuchttaugliches Tier vom 5. Lebensmonat an)	7	–	–
1 Pfund Rindfleisch		3	7
1 Pfund Kalbfleisch		2	5
Lohn für das Schlachten eines Schweins		10	–
Deckgeld für 1 Kuh zum Stier		5	–
Kaminfegen		5	–
Tagelöhner		15	–
Tagelohn für einen Maurer		10	–
Tagelohn für einen Kleidermacher		9	–
Tagelohn für eine Näherin		5	–
1 Paar Schuhe	2	18	–
1 Paar Stiefel	3	20	–
1 Paar Klompen (Holzschuhe)		5	7
1 Weste	1	10	–
1 seidene Weste	2	10	–
1 Unterhose		24	–
1 Halsbinde		12	6
1 Paar Handschuhe		8	6
1 Elle Leinwand		5	7
1 Wolldecke	1	10	–
1 Regenschirm	2	15	–
1 Kaffeekessel aus Kupfer	4	5	–
1 Brunneneimer		18	–
1 Pötteimer mit Beschlag und Henkel	1	10	–
1 Nachttopf		5	5
1 Dutzend Messer	1	20	–
1 Fleischmesser		5	–
1 Haarbesen		14	–
12 Reiserbesen		12	–
1 Wasserschwengel		12	–

Ausgaben des Hofes Elp (Fortsetzung)	1863		
	Tlr	Sgr	Pf
1 Waggon (= 100 Zentner) Kohlen	11	10	–
1 Waggon Bochumer Fettkohle	9	10	–
Fracht dazu	4	8	–
100 Pfund Peru-Guano (Dünger)	4	10	–
Konfirmandengebühr	1	20	–
Begräbniskosten:			
Pastor	1	–	–
Küster		15	–
Lehrer		15	–
für Arme	2	–	–
Lohn für ein Totenkleid		8	–
Totengräber	1	10	–
Fuhrleute		20	–
für die Anfertigung eines Eichensarges	4	–	–
Steuern und Abgaben:			
Grundsteuer	16	5	5
Klassensteuer	5	6	8
Kirchenbedürfnisse	1	25	4

	1875			1884		
	Tlr	Sgr	Pf		Mark	Pf
Arbeit mit einem Pferd je Tag	2	–	–		6	–
Arbeit mit zwei Pferden je Tag	3	–	–			
Arbeit ohne Pferd je Tag		20	–			60

Göttingen

Es kostete:

1863		Tlr	Gr	Pf
	1 Pfund Butter		7–9	
	1 Pfund Schmalz		8	
	1 Pfund Schweinefleisch		5	
	1 Pfund Ochsenfleisch		4	8

Eisenbahntarife

1860	Fahrt von Hamburg nach Berlin (8 Stunden)	Tlr	Sgr	Pf
	1. Klasse		225	
	2. Klasse		150	
	3. Klasse		90	
1890	kostete der Bahnkilometer 3. Klasse			5

Rostock

Es kostete(n):

1820		ß	Pf
	1 großer Butterkringel	32	
	1 geräucherter Speckaal	36	
	1 Flasche Doppelbier	3	
	1 Apfelsine		10–12
1871			
	1 Pfund Butter	16–19	
	1 Pfund Speck	12	
	11 Eier	8	
	1 Huhn	12–16	
	1 Ente	20–22	
	1 Taube	7-8	
	4 Heringe	2	
	1 Scheffel Kartoffeln	32–40	

Herzogtum Nassau

Die Beamten verdienten im Jahr:

1859		Gulden
	ein Rat	1800-2700
	ein Medizinalrat	1600-2400
	ein Medizinalassistent	1000-1500
	ein Amtmann	1800-2500
	ein Revisor	1000-1500
	ein Bahnhofsvorsteher	400-700
	ein Lokomotivführer	500-600
	ein Zugführer	400-500
	ein Heizer oder Schaffner	300-400

Eine in ärmlichen Verhältnissen lebende Familie benötigte jährlich wenigstens 200 Gulden.

Es kostete(n) zu dieser Zeit (Preisangaben in Kreuzer):

	1810	1817	1830	1840	1852	1866
1 Pfund Butter	25,5	32,0	?	?	29,5	?
25 Eier	20,0	40,0	?	?	26,5	?
4 Pfund Brot	10,0	25,0	13,0	11,5	17,0	14,0
1 Pfund Schweinefleisch	11,0	15,0	9,5	11,5	12,5	18,0
1 Pfund Kalbfleisch	6,5	8,5	6,5	7,5	8,5	14,0
1 Pfund Ochsenfleisch	11,5	15,0	8,5	11,5	12,5	17,0
2 Liter Bier	6,5	8,5	6,5	6,5	11,5	?
100 l Roggen	248,0	798,0	275,0	344,0	578,0	400,0
100 l Weizen	367,0	1054,0	390,0	468,0	706,0	491,0
100 l Hafer	110,0	130,0	121,0	139,0	199,0	214,0

Dem Preisanstieg 1817 lag eine Missernte zugrunde.

Deutsches Kaiserreich

Nadelarbeitslehrerinnen an städtischen Volksschulen verdienten:

1899	in den Städten	Anfangsgehalt inkl. Wohnungsgeld	Höchstgehalt (jeweils in Mark)
	Berlin	1200	1920
	Breslau, Charlottenburg, Görlitz, Kassel, Königsberg und Stettin jeweils	1100	2000
	Dresden	1000	1400
	Frankfurt/Main	1400	2300
	Hameln	1140	2130
	Hannover	1300	2200
	Pankow bei Berlin	1140	2040
	Schöneberg bei Berlin	1200	2100
	Schwerte in Westfalen	1550	2675
	Soest	1180	2080
	Wiesbaden	1200	2280

Nach der Besoldungsordnung für Lehrer bezogen im Regierungsbezirk **Düsseldorf** jährlich:

1900		Mark
	ein einstweilig angestellter Lehrer ein Gehalt an Mietsentschädigung	1000 150
	eine einstweilig angestellte Lehrerin ein Gehalt an Mietsentschädigung	900 150
	endgültig angestellte Klassenlehrer ein Gehalt an Mietsentschädigung	1250 300
	endgültig angestellte Lehrerinnen ein Gehalt an Mietsentschädigung	1000
	alleinstehende Lehrer und Leiter zweiklassiger Schulen bei freier Wohnung als Grundgehalt	1350
	Hauptlehrer drei- und mehrklassiger Schulen bei freier Wohnung als Grundgehalt	1550
	Rektoren bei freier Wohnung ein Gehalt	1650
	Alterszulagen bei Lehrern	150
	Alterszulagen bei Lehrerinnen	90

Für Heizung und Reinigung der Schulräume wurden je Klasse 87 Mark und für Schreibmaterialien 18 Mark vergütet.

Es verdiente:

um 1900		Mark	Pf
	ein Hafenarbeiter in Bremerhaven täglich	3	–
	ein Hafenarbeiter in Kiel täglich	2	70
	ein Hafenarbeiter in Hamburg monatlich	61	–
	ein Chemiearbeiter monatlich	120	–
	ein Chemielehrling monatlich	60	–

Es kostete:

um 1900		Mark	Pf
	1 Mandel (= 15) Eier		43
	1 Ei		5
	1 kg Kaffee	4	15
	1 Pfund Tee	2	50
	1 kg Zucker		65
	1 kg Weizenmehl		36
	1 kg Roggenbrot		23
	1 kg Butter	1	86
	1 kg Pferdefleisch		50
	1 kg Schweinefleisch	1	50
	1 l Milch		20
	1 l Bier		24
	1 Zentner Kartoffeln	2	63
	1 Zentner Kohlen	1	20
	1 Herrenanzug	10–75	
	1 Damenstrickweste	1–6	
	1 Stuhl	3	75
	1 Tisch	8	75
	1 Fahrrad	80–120	

Dresden

Die Warenpreise in der städtischen Markthalle auf dem Antonsplatz betrugen am 3. März 1899:

Lebensmittel	Preise					Lebensmittel	Preise				
	Einheit	höchste		niedr.			Einheit	höchste		niedr.	
		Mk	Pf	Mk	Pf			Mk	Pf	Mk	Pf
Fleisch und	jeweils					**Geschlachtetes**					
Fleischwaren	½ kg					**Geflügel**					
Rindfleisch I		-	70	-	63	Gänse	½ kg	-	75	-	70
II		-	60	-	55	Enten	jeweils	4	-	3	-
Kalbfleisch I		-	65	-	55	Kapaunen	1 Stck	3	50	2	50
II		-	65	-	55	Truthähne		10	-	6	-
Schweinefleisch I		-	80	-	60	Truthühner		7	-	5	-
II		-	70	-	60	Perlhühner		3	-	2	50
Schöpsenfleisch I		-	70	-	50	Hühner, alte		3	-	1	50
II		-	60	-	50	„ junge		2	-	1	20
Rauchfleisch		-	90	-	80	Tauben		-	75	-	70
Schinken am Stck.		1	20	-	90						
Aufschnitt		1	60	1	40	**Lebende Fische,**					
Speck, geräuchert		1	-	-	80	**Schalenthiere**					
Schweineschmalz		-	70	-	65	Karpfen	jeweils	-	85	-	80
Rindschmalz		-	50	-	40	Schleien	½ kg	1	50	1	40
Cervelatwurst		1	80	1	40	Hechte		1	20	1	-
Salamiwurst		1	80	1	60	Zander		1	20	1	-
Leberwurst		1	20	-	60	Barsche		-	60	-	50
Mettwurst		-	80	-	70	Backfische		-	50	-	40
Blutwurst		1	-	-	50	Welse		1	-	-	75
Junge Ziegen	1 Stck	4	50	3	50	Aale		1	80	1	60
						Forellen	1 Stck	3	-	-	50
Wildpret	½ kg	-	30	-	20	**Fischwaaren,**					
Rothwild {Kochfl.	1 Stck	22	-	16	-	**frische**					
Damwild {Rücken	1 Stck	16	-	8	-	Elblachs	jeweils	3	-	2	-
{Keule	½ kg	1	20	1	-	Silberlachs	½ kg	2	50	2	-
Rentier Rücken	½ kg	-	90	-	80	Steinbutt		1	60	1	-
Keule	1 Stck	1	-	-	90	Seezungen		2	-	1	50
Kaninchen						Schleien		-	80	-	80
						Zander		-	80	-	60
Wildgeflügel	jeweils	2	-	1	50	Hechte		-	90	-	80
Wildenten	1 Stck	3	-	2	-	Schollen		-	60	-	40
Birkhähne		2	50	1	80	Kabeljau		-	45	-	40
Birkhühner		1	40	1	20	Schellfische		-	40	-	35
Schneehühner		1	65	1	40	Rothzungen		-	70	-	60
Haselhühner						Heringe, grüne		-	20	-	15

Lebensmittel	Preise				
	Einheit	höchste		niedr.	
		Mk	Pf	Mk	Pf
gesalz., geräuch., eingemachte Fischwaaren					
Pöklinge,	je				
Pommersche	1 Stck	-	7	-	6
Schwedische		-	5	-	4
Sardellen	je	2	-	1	80
Russ. Sardinen	½ kg	-	60	-	50
Oelsardinen		1	40	1	10
Obst, Süd- und Gartenfrüchte					
Musäpfel	je	-	15	-	8
Borsdorfer	½ kg	-	15	-	10
Rothe Stettiner		-	20	-	15
Grüne Stettiner		-	15	-	10
Rothe Reinetten		-	15	-	8
Graue Reinetten		-	20	-	13
Eis-Reinetten		-	20	-	15
Marchansker		-	15	-	10
Tiroler		-	50	-	25
Amerikanische		-	50	-	35
Kochbirnen, große		-	20	-	20
" kleine		-	18	-	18
Tafelbirnen, neue		-	35	-	15
Walnüsse, trockene		-	30	-	25
Nüsse, ausländ.		-	35	-	25
Haselnüsse		-	45	-	30
Apfelsinen		-	25	-	30
Mandarinen	je	-	15	-	20
Citronen	1 Stck	-	7	-	10
Datteln	je	-	90	-	5
Feigen	½ kg	-	50	-	30
Melonen	1 Stck	-	-	-	30
Johannisbrot	je	-	20	-	20
Kastanien, edle	½ kg	-	30	-	20
Brotaufstrich					
Honig	je	1	40	1	20
gez.Preisselbeeren	½ kg	-	45	-	35
Pflaumenmus		-	28	-	28

Lebensmittel	Preise				
	Einheit	höchste		niedr.	
		Mk	Pf	Mk	Pf
Grünwaaren					
Blumenkohl	1 Stck	-	43	-	20
Rosenkohl	je	-	50	-	40
Grünkohl	½ kg	-	20	-	15
Rothkraut	je	-	80	-	30
Weisskraut	1 Stck	-	80	-	8
Welschkraut		-	30	-	15
Karotten	15 Bdch	1	-	-	80
Möhren	½ kg	-	5	-	4
Kohlrüben	1 Stck	-	10	-	5
Rothe Rüben	15 Stck	-	60	-	25
Teltower Rüben	je	-	30	-	30
Weisse Rüben	½ kg	-	8	-	7
Kohlrabi, neuer	je	-	10	-	4
Meerrettig	1 Stck	-	30	-	15
Radieschen	Bündch.	-	8	-	5
Rettige	1 Stck	-	10	-	5
Schwarzwurzel	Bündch.	-	10	-	8
Petersilienwurzel	"	-	15	-	10
Sellerie	Stck	-	10	-	3
Spargel	½ kg	4	-	2	50
Porree	Bündch.	-	5	-	3
Spinat	je	-	35	-	30
Rabiuschen	½ kg	-	50	-	50
Zwiebeln		-	10	-	8
Kopfsalat, hiesig	je	-	5	-	4
" fremder	1 Stck	-	20	-	18
Endivien, fremde	½ kg	-	40	-	35
Rhabarber, franz.	1 Bund	-	30	-	25
Schoten, grüne	60 Stck	-	45	-	45
" Salat-	Stck	1	40	1	-
" saure	15 Stck	-	80	-	80
Paradiesäpfel	je	1	-	-	90
Sauerkraut	½ kg	-	8	-	7
Kartoffeln					
Hiesige, neue	50 kg	2	60	2	30
" "	½ kg	-	9	-	8
Malta-Kartoffeln	½ kg	-	14	-	13

Lebensmittel	Preise				
	Einheit	höchste		niedr.	
		Mk	Pf	Mk	Pf
Molkerei-					
Erzeugnisse					
Molkereibutter	je	1	30	1	20
Bauernbutter	½ kg	1	30	1	10
Koch-, Backbutter		1	10	-	90
Vollmilch	je	-	18	-	16
Milch (abgerahmt)	1 Liter	-	10	-	8
Sahne		-	80	-	80
Quark	½ kg	-	15	-	13
Dresd. Bierkäse	60 Stck	1	30	1	30
Altenburger					
Ziegenkäse	je	-	60	-	35
Kümmelkäse	1 Stck	-	25	-	10
Sahnekäse		-	25	-	18
Heinrichsthaler					
Frühstückskäse		-	12	-	12
Neufchateller		-	25	-	20
Koppenkäse		-	4	-	4
Harzer Käse		-	4	-	4
Limburger Käse	je	-	60	-	50
Schweizer Käse	½ kg	1	20	-	80
Reibekäse		-	40	-	30
Margarine	½ kg	-	90	-	50
Eier					
Landeier	15 Stck	-	90	-	80
〃					
verbindl. frische	1 Stck	-	7	-	5
Böhmische	je	-	85	-	80
Galizische	15 Stck	-	75	-	70
Russische		-	75	-	70

Lebensmittel	Preise				
	Einheit	höchste		niedr.	
		Mk	Pf	Mk	Pf
Pilze					
Champignons	je	1	80	1	60
Steinpilze, getr.	½ kg	4	-	2	80
Morcheln, getr.		4	-	4	-
Trockenes					
Gemüse					
Bohnen	je	-	20	-	16
Erbsen, geschält	½ kg	-	20	-	16
〃 ungesch.		-	18	-	16
Graupen		-	40	-	20
Gries		-	34	-	18
Hafergrütze		-	30	-	25
Haidegrütze		-	30	-	25
Hirse		-	24	-	13
Linsen		-	36	-	13
Reis		-	40	-	16
Brot					
Dresdner Brot-	je				
fabrik Nr. I	½ kg	-	-	-	-
Nr. II		-	11	-	11
Nr. III		-	10	-	10
Plauensches Nr.I		-	18	-	18
Nr. II		-	12	-	12
Nr. III		-	11	-	11
Landbrot		-	10,5	-	10,5

Berlin

Speisekarte eines Vergnügungslokals um 1900:

	Mark	Pfg
Entrées		
Beefsteak vom Filet	1	-
dto. mit Ei oder Sardellen	1	25
Kalbs-Cotelette	-	75
Wiener Schnitzel	1	-
Kalbsleber	-	60
Gänseleber	-	80
Gänseklein	-	75
Wiener Wurst, Jauersche Wurst	-	30
Rumsteak	1	-
Paprika-Schnitzel	1	-
Fricassée	1	-
Gemüse		
Stangenspargel mit Butter	1	-
dto. mit Cotelette	1	25
Braten		
Gänsebraten	1	-
Kalbsbraten	-	75
Kalbsbrust	-	60
Schmorbraten	-	75
Kalbsnierenbraten	-	90
Rippenspeer	-	75
Fische		
Aal, grün	-	80
Hecht in Butter, grün	-	75
Kalte Speisen		
Majonaise vom Hummer	-	60
Westphälischer Schinken mit Butter	-	75
1 Butterbrot belegt	-	25
Sardellenbrötchen	-	40
Salate und Compots		
Heringssalat	-	25
Saure oder Pfeffergurken	-	10
Apfelmus	-	25
Käse mit Butter		
Neûfchateller	-	40
Schweizer	-	30
Kuhkäse	-	30

Deutschland

Nominaleinkommen und Lebenshaltungskosten 1810 bis 1913 (1913 = 100):

	1810	1849	1857	1883	1899	1907	1910/13
Nominaleinkommen	26	30	35	52	72	83	100
durchschnittl. Realeinkommen	59	65	60	69	88	95	100
Lebenshaltungskosten	45	45	45	79	86	91	100

Nürnberg

Ausgaben (Angaben in Prozent) für die Lebenshaltung einer vier- bis fünfköpfigen Arbeiterfamilie mit durchschnittlichem Einkommen 1810 bis 1913:

	1810	1849	1857	1883	1899	1907	1910/13
Nahrungs- und Genussmittel							
Schwarz- u. Weißbrot	31,1	26,7	25,6	18,9	13,9	8,5	7,0
Fleisch und Wurst	9,6	9,4	9,6	14,0	16,8	16,0	14,8
Bier	11,0	10,6	10,5	8,5	7,5	3,4	3,2
Milch	9,0	8,2	8,2	6,8	5,6	5,3	5,5
Mehl (Roggen, Weizen), Grieß, Reis	1,5	1,5	1,5	1,8	1,7	1,6	1,5
Butter- und Schweineschmalz	1,0	1,5	1,5	1,7	1,7	1,8	1,6
Kartoffeln	5,8	5,8	5,1	4,1	1,3	2,0	2,0
Eier	0,5	0,7	0,7	0,9	1,6	3,2	3,0
Butter	0,5	0,6	0,6	0,6	0,6	0,8	0,9
Sonstige	0,0	0,0	0,7	2,7	5,1	7,7	9,0
Zusammen	70,0	65,0	64,0	60,0	55,8	50,3	48,5
Wohnungsmiete	8,6	8,7	9,1	10,1	14,8	13,9	14,8
Bekleidung	8,0	8,0	8,5	7,5	7,4	8,5	7,5
Heizung	5,8	5,7	5,0	3,3	4,0	4,0	4,0
Beleuchtung	1,9	1,9	1,8	0,9	1,0	1,0	1,0
Hausrat	2,0	2,0	2,0	3,0	3,4	4,5	4,5
Zusammen	166,3	156,3	154,4	144,8	142,2	132,5	128,8
Gesamt	**96,3**	**91,3**	**90,4**	**84,8**	**86,4**	**82,2**	**80,3**

1816/17 herrschte eine durch Missernte verursachte Hungersnot in Deutschland mit erheblichem Preisanstieg, während eine gute Getreideernte 1823 die Lebensmittelpreise wieder senkte. Eine Dürre im Sommer 1842 verteuerte die Lebensmittel ebenso wie eine Getreidemissernte 1846 und das erste Auftreten der Kartoffelkrankheit 1845/47 in Deutschland.

Preise für Nahrungsmittel, Wohnungsmiete (im Jahr für 3 Zimmer und Küche), Heizung und Licht in Mark sowie der Preisindex für die Lebenshaltung von 1810 bis 1913 (Index 1910/13 = 100):

	1810	1849	1857	1883	1899	1907	1910/13
Nahrungs- und Genussmittel							
1 kg Roggenbrot	0,13	0,10	0,18	0,32	0,32	0,34	0,30
1 kg Rindfleisch	0,51	0,52	0,68	1,31	1,40	1,80	1,87
1 kg Schweinefleisch	0,60	0,64	0,89	1,32	1,42	1,53	1,82
1 kg Kalbfleisch	0,50	0,35	0,50	1,03	1,40	1,54	1,63
1 kg Hammelfleisch	0,42	0,43	0,64	1,18	1,38	1,64	1,73
1 l Bier	0,10	0,12	0,16	0,24	0,24	0,24	0,26
1 l Milch	0,08	0,10	0,13	0,19	0,19	0,17	0,21
1 kg Roggenmehl	0,05	0,10	0,15	0,35	0,34	0,35	0,33
1 kg Schweineschmalz	0,66	0,70	0,98	1,45	1,60	1,69	2,03
1 kg Kartoffeln	0,03	0,03	0,06	0,06	0,06	0,06	0,06
10 Eier	0,31	1,22	1,68	2,09	2,40	2,46	2,72
Wohnungsmiete	40,00	41,00	62,00	150,00	223,00	287,00	343,00
Heizung							
50 kg Föhrenholz	2,25	5,70	7,75	8,05	7,30	10,00	11,15
50 kg Kohle	-	-	-	1,30	1,49	1,70	1,76
Beleuchtung							
1 kg Talg	1,57	1,02	1,36	1,12	0,84	-	-
1 l Petroleum	-	-	-	0,24	0,21	0,18	0,19
Lebenshaltung	38,9	37,3	55,8	83,0	85,2	92,3	100,0

Das 20. Jahrhundert

Die wirtschaftliche Lage des 20. Jahrhunderts in Deutschland wurde vor allem durch den 1. Weltkrieg 1914–1918, die Inflation 1922/23 und die nachfolgenden Notjahre in der Weimarer Republik, den „Schwarzen Freitag" am 13. Mai 1927, den langsamen Aufschwung durch die Stabilisation der 1924 eingeführten Reichsmark im Dritten Reich, den neuerlichen Abschwung im 2. Weltkrieg 1939–1945, die Notjahre bis zur Währungsreform 1948 mit Einführung der Deutschen Mark und die nachfolgenden Wirtschaftswunderjahre geprägt. Die Teilung Deutschlands in eine Ost- und Westzone nach dem 2. Weltkrieg führte zur Gründung von zwei deutschen Staaten: der „Deutschen Demokratischen Republik" (DDR) und der „Bundesrepublik Deutschland" (BRD). Nach Öffnung der Grenzübergänge am 09.11.1989 kam es dann zur Wiedervereinigung beider deutscher Staaten, die am 2./3. Oktober 1990 in einem großen Volksfest gefeiert wurde. Am 1. Januar 2002 wurde dann die Deutsche Mark (DM) durch den Euro (€) abgelöst.

Im Kaiserreich, d.h. von der Gründung des Deutschen Reichs 1871 bis zum 1. Weltkrieg 1914 waren das Realeinkommen und damit der Lebensstandard vor allem der Arbeiterschaft deutlich gewachsen, weil die Einkommen stärker stiegen als die Lebenshaltungskosten. Um die Kaufkraft beurteilen zu können, ist die Beziehung zwischen Löhnen und Preisen zu sehen: Von 1913 bis 1933 stiegen die Preise um etwa 10%, die Löhne aber um 20%. In der Wirtschaftskrise wurden durch die „Brüningsche Notverordnungen" Gehaltskürzungen erzwungen, die bis 1932 etwa 20% ausmachten. In der nationalsozialistischen Zeit wurden die Löhne stabilisiert, aber die Preise stiegen wieder an.

Mit der Währungsreform vom 20./21. Juni 1948 gingen die Notjahre nach dem 2. Weltkrieg zu Ende und der wirtschaftliche Aufschwung begann. Durch das Wirtschaftswachstum steigerte sich das Einkommen aller Bevölkerungsschichten und wegen des zu Anfang noch moderaten Preisanstiegs auch der Lebensstandard. Von 1970 bis nach 1980 überstieg der Zuwachs der Einkommen den der Lebenshaltung beträchtlich. Da die Einkommen auch ständig den Zuwachs der Produktivität je Beschäftigten übertraf, kam es zu entsprechenden Preissteigerungen. Diese nahmen wiederum die Gewerkschaften zum Anlass, Lohnforderungen zum Ausgleich des Kaufkraftverlustes durchzusetzen. Die nun in Gang gesetzte Lohn-Preis-Lohnspirale führte zu der bis heute anhaltenden „schleichenden Inflation". Gemessen am Index der Lebenshaltungskosten war die D-Mark des Jahres 1950 im Jahre 1995 nur noch 26 Pfennig wert.

Stundenlöhne für männliche ledige gelernte und ungelernte Zeitarbeiter in der höchsten Altersstufe in Reichsmark (RM) und Reichspfennig (RPfg):

um 1910	Gewerbe	RM	RPfg
	Baugewerbe	1	29
	für Ungelernte		71
	Ziegelindustrie		88
	Zigaretten- und Zigarrenindustrie	1	40
	für Ungelernte		61
	Reichsbahn		95

Kosten von Nahrungsmitteln in Mannheim:

um 1910	Nahrungsmittel	RM	RPfg
	1 kg Roggenbrot		29
	1 kg Weizenmehl		41
	1 kg Weizengrieß		45
	1 kg Haferflocken		57
	1 kg Reis		48
	1 kg feiner Zucker		48
	1 kg Speisekartoffeln		8
	1 kg Schweinefleisch	1	71
	1 kg Rindfleisch	1	86
	1 kg Bohnenkaffee	2	89
	1 kg Kaffeeersatz		42
	1 kg Butter	2	63
	1 kg Margarine	1	70
	1 kg Leberwurst	1	47
	1 kg Salz		20
	1 l Vollmilch		23
	1 Flasche Bier		8

Nominal- und Realwochenlöhne von Eisenbahnarbeitern und Buchdruckern sowie Nominal- und Realmonatsgehälter typischer Besoldungsgruppen verheirateter Reichsbeamter der Ortsgruppe A von 1913 bis 1923 jeweils in Mark:

Jahr	**Eisenbahnarbeiter gelernte**		**Eisenbahnarbeiter ungelernte**		**Buchdrucker**		**Höhere Beamte**		**Mittlere Beamte**		**Untere Beamte**	
	Nom.-Lohn	**Real-Lohn**	**Nom.-Lohn**	**Real-Lohn**	**Nom.-Lohn**	**Real-Lohn**	**Nom.-Lohn**	**Real-Lohn**	**Nom.-Lohn**	**Real-Lohn**	**Nom.-Lohn**	**Real-Lohn**
1913	34,56	34,56	23,70	23,70	31,65	31,65	608,00	608,00	342,00	342,00	157,00	157,00
1914	34,56	33.59	23,70	23,03	31,65	31,76	608,00	590,86	342,00	332,36	157,00	152,58
1915	35,64	27,54	24,78	19,15	31,65	24,46	608,00	469,86	342,00	264,30	157,00	121,53
1916	40,56	23,90	29,70	17,50	32,55	19,18	608,00	358,28	342,00	201,53	157,00	92,52
1917	55,85	22,08	44,45	17,58	39,50	15,65	660,00	290,95	420,00	166,07	313,00	84,22
1918	90,92	28,80	74,06	23,65	53,59	17,11	891,00	284,48	589,00	188,06	342,00	100,20
1919	139,23	31,86	124,83	28,39	94,96	28,88	1015,00	244,58	778,00	187,47	582,00	140,24
1920	235,60	23,06	215,60	21,10	193,46	19,23	1981,00	192,89	1548,00	138,31	1149,00	111,92
1921	349,00	25,75	321,00	23,71	294,00	21,80	3238,00	238,79	2394,00	177,94	1725,00	129,24
1922												
Jan.	521	24	482	22	490	23	5067	248	3487	171	2451	120
Apr.	754	21	708	20	707	20	6222	181	4673	136	3524	103
Juli	1445	24	1349	23	1224	21	12.193	226	9095	169	6798	126
Okt.	4781	29	4518	17	4129	16	48.611	220	36.428	165	24.725	112
1923												
Jan.	21.248	15	21.096	14	19.763	14	226.523	198	170.093	148	115.890	101
Apr.	58.020	19	55.020	18	68.981	23	595.264	210	446.779	153	304.155	104
Juli	859.510	15	817.451	14	671.671	12	$8,7 \times 10^{6}$	258	$6,3 \times 10^{6}$	188	$4,0 \times 10^{6}$	120
Okt.	196×10^{9}	15	185×10^{9}	14	162×10^{9}	11	977×10^{9}	261	710×10^{9}	189	453×10^{9}	121
Nov.	11×10^{12}	16	$9,5 \times 10^{12}$	15	15×10^{12}	17	99×10^{12}	193	72×10^{12}	138	46×10^{12}	87
Dez.*)	24	20	18,72	16	25,80	21	309,50	251	210,75	170	115,25	92

*) in RM

„Eintausend Mark", Deutsches Kaiserreich 1910 (oben)
und „Eintausend Mark", Weimarer Republik 1922,
mit Überdruck „Eine Milliarde Mark" 1923 in der Inflationszeit (unten)

Entwicklung der Löhne und Lebenshaltungskosten von 1924 bis 1943:

Jahr	**Jahreslohn**		**Stundenlohn**	**Index der**
	Mark/ Reichsmark	**Änderung (1939 = 100)**	**in Reichspfennig**	**Lebenshaltung (1938 = 100)**
1913	1163	69	65,9	80
1924	1332	67	63,8	104
1925	1677	84	82,9	112
1926	1711	86	92,6	112
1927	1854	93	96,6	117
1928	2001	101	95,9	120
1929	2131	107	101,1	122
1930	2131	107	102,8	117
1931	1947	98	97,4	107
1932	1651	83	81,6	96
1933	1586	80	78,5	94
1934	1637	82	78,3	96
1935	1697	85	78,3	98
1936	1770	89	78,3	99
1937	1811	91	78,5	99
1938	1909	96	78,8	100
1939	1986	100	79,1	104
1940			79,2	106
1941			79,9	108
1942			80,3	110
1943			80,9	112

Monatliche Gesamtbezüge (Endgrundgehalt inklusive Wohngeldzuschuss für einen kinderlos verheirateten Beamten nach Vollendung des 45. Lebensjahres) in Reichsmark von 1923 bis 1941 (1913 = 100):

Jahr	**Besoldungsgruppe**									
1923–27	**II**	**III**	**V**	**VI**	**VII**	**VIII**	**IX**	**X**	**XII**	**XIII**
1927–36	**A 10**	**A 9**	**A 8 a**	**A 7**	**A 5 b**	**A 4 b**	**A 4 b**	**A 2 c**	**A 2 b**	**A 1**
1936–41	**A 10 a**	**A 9**	**A 8 a**	**A 7 a**	**A 5 b**	**A 4 c2**	**A 4 b1**	**A 2 c2**	**A 2 b**	**A 1 a**
1913*)	156	173	242	321	417	442	525	708	808	1140
01.12.1923	121	128	161	180	207	235	265	307	397	450
01.12.1924	203	213	267	318	398	442	491	628	793	1034
01.04.1926	209	218	274	326	408	452	502	642	807	1052
01.10.1927	260	277	285	352	430	497	563	810	918	1190
01.02.1931	244	260	268	331	404	467	530	761	863	1119
01.07.1931	231	246	254	313	383	442	495	713	808	1035
01.01.1932	208	221	228	281	344	397	445	640	726	928
01.04.1936	228	221	228	281	344	397	445	640	726	928
01.07.1938	267	238	244	291	357	410	458	657	743	950
01.01.1941	285	279	287	342	419	482	545	782	884	1145
1913	100	100	100	100	100	100	100	100	100	100
1923	78	74	67	56	50	53	50	43	49	39
1924	130	123	110	99	95	100	94	89	98	91
1927	167	160	118	110	103	112	107	114	114	104
1932	133	128	94	88	82	90	85	90	90	81
1938	171	138	101	91	86	93	87	93	92	83

*) Das Besoldungsgesetz vom 15.07.1905 wies 70 Besoldungsgruppen mit aufsteigenden Gehältern aus. Hier wurden zum Vergleich mit den 1927 eingeführten neuen Besoldungsgruppen folgende ausgewählt: II Amtswart – III Kanzleigehilfe – V Kanzleisekretär – VI Kanzleiobersekretär, Werkmeister – VII Obersekretär, Volksschullehrer – VIII Inspektoren, Hauptlehrer – IX Oberinspektoren, Oberlehrer – X Regierungsräte, Studienräte – XII Oberregierungsräte, Oberstudienräte – XIII Ministerialräte

Wichtigste Ausgaben für die Lebenshaltung privater Haushalte in Prozent der jeweiligen Gesamtausgaben zwischen 1907 und 1937:

Gruppe der Ausgaben	**1907**	**1927**	**1937**
Nahrungsmittel	42,6	41,0	34,8
Genussmittel	6,7	9,2	8,1
Miete	16,8	12,7	20,0
Möbel, Hausrat, Heizung, Licht	8,4	9,7	12,0
Bekleidung, textiler Hausrat, Lederwaren	13,0	14,7	15,8
Gesundheits- und Körperpflege, Reinigung	4,2	5,0	2,2
häusliche Dienste	0,7	0,6	0,2
Bildung, Erholung	6,1	6,0	5,2
Verkehr	1,5	1,0	1,7
Gesamtausgaben	**100,0**	**100,0**	**100,0**

Einzelhandelspreise der Nahrungsmittel in Pfennig je Kilogramm oder Liter bzw. Stück (nur bei Eiern) und Preisindizes (1913 = 100) der Wohnungsmiete, Heizung und Licht sowie Bekleidung für die Jahre 1913 bis 1938:

Nahrungsmittel	**1913**	**1925**	**1926**	**1927**	**1928**	**1929**	**1930**	**1931**	**1932**	**1933**	**1934**	**1935**	**1936**	**1937**	**1938**
Roggenbrot	37	55	52	62	62	58	55	53	51	45	45	44	44	44	44
Kartoffeln	7	11	11	15	13	12	10	9	8	7	9	9	9	9	10
Gemüse, Salat	8	18	14	24	24	27	16	13	12	14	16	16	16	16	17
Zucker	51	71	67	72	62	62	63	69	75	76	77	78	77	77	77
Rindfleisch	181	227	220	233	231	236	232	191	147	143	146	158	165	167	167
Kalbfleisch	201	244	243	251	251	262	260	212	163	157	164	181	217	209	206
Schweinefleisch	173	249	253	221	217	261	230	170	148	152	164	167	170	163	163
Hammelfleisch	190	216	222	235	241	260	259	219	166	160	172	191	221	222	186
Schweineschmalz	197	296	294	265	249	269	249	193	168	182	207	213	216	211	211
Geflügel	180	295	294	304	304	317	315	257	197	190	198	219	263	253	250
Eier	9	15	14	14	14	14	13	11	10	10	11	11	11	11	12
Milch	15	26	23	24	24	24	20	18	16	15	17	16	17	17	17
Fisch	80	90	95	96	95	95	90	76	74	71	71	71	71	71	66
Wein	100	123	205	282	227	135	99	67	114	134	94	87	81	128	142
Bier	37	73	73	78	74	76	81	88	79	76	76	75	76	75	75
Branntwein	425	925	975	1076	1142	1291	1111	869	860	860	860	860	860	860	963
Kaffee	318	717	712	707	706	706	683	628	572	551	533	529	525	521	525
Wohnungsmiete	100	82	100	115	126	126	129	132	121	121	121	121	121	121	121
Heizung, Licht	100	130	133	134	136	141	142	139	127	127	126	126	126	125	125
Bekleidung	100	173	164	159	170	172	164	137	112	107	111	118	120	126	130

Löhne, Preise und Realeinkommen in der BRD 1950–2000:

Jahr	**Nettolohn und Gehaltssumme je Arbeitnehmer**		**Preisindex für die Lebenshaltung**
	Monatlich in DM	1950 = 100	1950 = 100
1950	213,00	100,0	100,0
1960	431,00	202,3	120,6
1970	894,00	419,7	157,2
1980	1 785,00	838,0	255,9
1990	2 434,00	1 142,7	329,6
2000	2 658,00	1 247,9	410,7

Entwicklung der Stundenlöhne von Industriearbeitern und der Monatsgehälter von Angestellten in Industrie und Handel im Vergleich mit den Lebenshaltungskosten von Arbeitnehmerhaushalten mit mittlerem Einkommen von 1950 bis 1991 in den alten Bundesländern und ab 1991 in Gesamtdeutschland:

Jahr	Stundenlohn			Angestelltengehalt			Lebenshaltung	
	DM/Std	Index (1985 = 100)	Änderung zum Vorjahr in %	DM/Monat	Index (1985 = 100)	Änderung zum Vorjahr in %	Index (1985 = 100)	Änderung zum Vorjahr in %
1938	0,79	4,8					21	
1950	1,29	7,9	4,2				33	3,8
1952	1,60	9,8	11,4				36	4,9
1954	1,72	10,5	3,6				36	- 0,8
1956	1,99	12,0	7,6				37	2,1
1958	2,32	14,0	8,0	506,00	14		39	2,1
1960	2,68	16,0	7,5	572,00	16	6,5	40	1,2
1962	3,29	20,0	10,8	682,00	19	9,0	42	2,6
1964	3,88	24,0	8,6	789,00	22	7,6	44	2,7
1966	4,56	28,0	8,4	937,00	26	8,9	47	3,5
1968	4,89	30,0	3,6	1026,00	29	4,7	48	1,4
1970	6,11	37,0	11,8	1271,00	35	11,3	51	2,6
1972	7,44	45,0	10,3	1556,00	43	10,7	57	5,2
1974	9,13	56,0	10,8	1950,00	54	11,9	64	6,8
1976	10,59	64,0	7,2	2265,00	64	8,5	72	5,3
1978	11,88	72,0	6,4	2583,00	72	6,3	76	2,7
1980	13,41	82,0	6,2	2965,00	82	6,6	83	4,5
1982	14,49	89,0	3,9	3286,00	90	5,0	93	5,8
1984	15,77	96,0	4,3	3446,00	97	3,6	98	2,8
1986	16,99	104,0	3,8	3740,00	104	3,2	100	0,9
1988	18,43	112,0	4,2	4035,00	110	3,2	101	0,6
1990	20,21	123,0	4,7	4382,00	117	3,0	107	2,9
1992	22,68	138,0	5,9	4888,00	130	5,6	115	3,7
1994	24,66	150,0	4,3	5247,00	138	3,0	123	3,6
1996	26,39	159,0	3,9	6357,00	146	2,1	127	1,4

Monatliche Dienstbezüge in DM für von Bundesbeamten (höchste Dienstalterstufe für Verheiratete mit Ortszuschlag für einen Beamten mit einem Kind) ausgewählte Besoldungsgruppen von 1951 bis 1997:

Jahr	Besoldungsgruppen							
	A 3	A 6	A 8	A 9	A 12	A 13	A 15	A 16
	A 9 a	A 6	A 5	A 4 c 2	A 2 d	A 2 c 2	A 1 b	A 1 a
01.10.1951	362	452	536	616	932	992	1212	1448
27.07.1957	498	603	782	847	1253	1333	1704	1949
01.01.1961	596	717	900	976	1434	1526	1943	2226
01.01.1965	743	884	1057	1143	1688	1770	2293	2623
01.01.1970	1001	1188	1421	1558	2167	1423	3035	3384
01.01.1976	1563	1797	2101	2298	3144	3498	4348	4833
01.01.1980	1887	2114	2531	2760	3776	4186	5207	5789
01.05.1985	2188	2606	3060	3338	4564	5051	6296	6999
01.01.1990	2706	3095	3609	3932	5320	5880	7175	7970
01.05.1995	3250	3672	4290	4569	6250	6928	8619	9582
01.03.1997	3323	3720	4346	4692	6332	7018	8730	9706

Bezeichnung der Besoldungsgruppen nach dem Bundesbesoldungsgesetz vom 27. Juli 1957 (die zweite Zeile oben nennt die zuvor geltenden Bezeichnungen): A 3 Hauptamtsgehilfe - A 6 Sekretär, Werkmeister - A 8 Hauptsekretär, Hauptwerkmeister - A 9 Inspektor - A 12 Amtsrat - A 13 Regierungsrat - A 15 Regierungsdirektor - A 16 Leitender Regierungsdirektor

Einnahmen und Ausgaben privater Haushalte in den alten Bundesländern (Vier-Personen-Haushalte von Angestellten und Arbeitern mit mittlerem Einkommen) zwischen 1950 und 1995:

	1950		1969		1989		1995	
	DM	%	DM	%	DM	%	DM	%
Bruttoeinkommen[1)]	343	100	1340	100	5244	100	6590	100
Ausgabefähiges Einkommen[2)]	305	89	1142	85	4246	81	5349	81
Ausgaben für privaten Verbrauch:								
Nahrungsmittel, Getränke, Tabak	149	44	365	27	793	15	896	14
Bekleidung, Schuhe	39	11	108	8	119	2	275	4
Wohnungsmiete, Energie	45	13	207	15	875	17	1188	18
Möbel, Haushaltsgeräte	14	4	103	8	288	5	275	4
Gesundheits- und Körperpflege	7	2	37	3	111	2	139	2
Verkehr, Nachrichtenübermittlung	6	2	96	7	516	10	704	11
Bildung, Unterhaltung, Freizeit	16	5	67	5	354	7	462	7
Persönl. Ausstattung, Reisen	–	–	28	2	121	2	164	2
Zur freien Verfügung	20	6	132	10	921	18	1246	19

1) Dieses umfasst Einkommen aus unselbständiger und selbständiger Arbeit, aus Vermögen sowie aus Renten und Pensionen

2) Bruttoeinkommen abzüglich Steuern und Versicherungen zuzügl. sonstiger Einnahmen

Entwicklung der Stundenlöhne von Industriearbeitern und der Monatsgehälter von Angestellten in Industrie und Handel im Vergleich mit den Lebenshaltungskosten von Arbeitnehmerhaushalten mit mittlerem Einkommen von 1950 bis 1991 in den alten Bundesländern und ab 1991 in Gesamtdeutschland:

Jahr	**Stundenlohn**			**Angestelltengehalt**			**Lebenshaltung**	
	DM/Std	Index (1985 = 100)	Änderung zum Vorjahr in %	DM/Monat	Index (1985 = 100)	Änderung zum Vorjahr in %	Index (1985 = 100)	Änderung zum Vorjahr in %
1938	0,79	4,8					21	
1950	1,29	7,9	4,2				33	3,8
1952	1,60	9,8	11,4				36	4,9
1954	1,72	10,5	3,6				36	- 0,8
1956	1,99	12,0	7,6				37	2,1
1958	2,32	14,0	8,0	506,00	14		39	2,1
1960	2,68	16,0	7,5	572,00	16	6,5	40	1,2
1962	3,29	20,0	10,8	682,00	19	9,0	42	2,6
1964	3,88	24,0	8,6	789,00	22	7,6	44	2,7
1966	4,56	28,0	8,4	937,00	26	8,9	47	3,5
1968	4,89	30,0	3,6	1026,00	29	4,7	48	1,4
1970	6,11	37,0	11,8	1271,00	35	11,3	51	2,6
1972	7,44	45,0	10,3	1556,00	43	10,7	57	5,2
1974	9,13	56,0	10,8	1950,00	54	11,9	64	6,8
1976	10,59	64,0	7,2	2265,00	64	8,5	72	5,3
1978	11,88	72,0	6,4	2583,00	72	6,3	76	2,7
1980	13,41	82,0	6,2	2965,00	82	6,6	83	4,5
1982	14,49	89,0	3,9	3286,00	90	5,0	93	5,8
1984	15,77	96,0	4,3	3446,00	97	3,6	98	2,8
1986	16,99	104,0	3,8	3740,00	104	3,2	100	0,9
1988	18,43	112,0	4,2	4035,00	110	3,2	101	0,6
1990	20,21	123,0	4,7	4382,00	117	3,0	107	2,9
1992	22,68	138,0	5,9	4888,00	130	5,6	115	3,7
1994	24,66	150,0	4,3	5247,00	138	3,0	123	3,6
1996	26,39	159,0	3,9	6357,00	146	2,1	127	1,4

Kaufkraft des Lohns. Notwendige Arbeitszeit eines Industriearbeiters zum Erwerb ausgewählter Güter 1955, 1975 und 1995:

	1955			1975			1995		
	Preis	Zeit		Preis	Zeit		Preis	Zeit	
1 kg Roggenbrot	0,86	0	28	2,02	0	13	3,99	0	09
1 kg Kartoffeln	0,18	0	06	0,66	0	04	1,57	0	04
1 kg Zucker	1,53	0	50	1,65	0	10	1,94	0	05
1 kg Rindfleisch zum Schmoren	4,54	2	29	13,91	1	25	18,30	0	43
1 l Vollmilch	0,40	0	13	1,06	0	06	1,32	0	03
10 Eier	2,45	1	20	2,21	0	13	2,73	0	06
1 kg Markenbutter	6,77	3	42	8,36	0	51	8,04	0	19
1 kg Bohnenkaffee	21,60	11	48	16,80	1	42	17,96	0	42
0,5 l Flaschenbier	0,48	0	16	0,78	0	05	1,13	0	03
Straßenanzug (mittlere Qualität)	116,00	63	23	239,00	24	10	381,00	14	54
einfaches Damenkleid	22,00	12	01	176,00	17	52	322,00	12	36
Herren-Straßenschuhe	25,80	14	06	53,90	5	28	122,00	4	46
Damen-Straßenschuhe	30,00	16	24	73,00	7	25	147,00	5	45
1 l Normalbenzin	0,63	0	21	0,83	0	05	1,51	0	04
Stundenlohn (Industriearbeiter)	1,83			9,85			25,57		

Kaufkraft in Deutschland im internationalen Preisvergleich zu den Nachbarländern für verschiedene Warengruppen 1992 [Vergleich zum EU-Durchschnitt (= 100%) in Prozent]:

Warengruppen	**D**	**F**	**I**	**A**	**CH**
Nahrungsmittel, Getränke, Tabak	102	103	107	109	134
Kleider und Schuhe	104	112	113	99	112
Wohnungsmiete (mit Heizung und Beleuchtung)	137	109	74	108	160
Gesundheitspflege	120	83	93	104	145
Verkehr und Kommunikation	105	100	97	104	110

D = Deutschland, F = Frankreich, I = Italien, A = Österreich, CH = Schweiz

Langfristige Lohn- und Preisentwicklungen

Schleswig-Holstein

Durchschnittspreise 1226–1545:

Waren	Menge	Geldeinheit	1226-1375	1376-1450	1451-1545
Weizen	rd. 110 kg	Schilling		6,50	12,00
Roggen	rd. 110 kg	Schilling	3,00	6,00	15,00
Gerste	rd. 100 kg	Schilling	3,50	8,00	13,00
Hafer	rd. 100 kg	Schilling	2,50	4,00	9,00
Arbeitspferde	1 Stück	Mark lübisch	4,75	8,00	8,00
Ochsen	rd. 300 kg Lebendgewicht	Mark lübisch	2,50	4,00	4,50
Kühe	1 Stück	Schilling	13,00	22,00	41,00
Schweine	rd. 31 kg Lebendgewicht	Schilling	5,00	15,00	19,00
Schafe	rd. 30 kg Lebendgewicht	Schilling	4,50	4,00	8,00
Lämmer	rd. 18 kg Lebendgewicht	Schilling		4,00	4,50
Gänse	rd. 4,5 kg	Pfennig		12,0	20,00
Hühner	rd. 1,3 kg	Pfennig	5,0	5,0	6,0
Eier	20 Stück	Pfennig	1,3	1,5	5,0
Butter	470 g	Pfennig	2,0	4,0	8,0
Schuhe	1 Paar	Schilling		3,00	4,5
Stiefel	1 Paar	Schilling		11,00	15,00

Schleswig-Holstein

1 Mark lübisch (M) = 16 Schilling (ß) 1 ß = 12 Pfennig (d)
1 Reichstaler (Rtlr) = 3 M = 48 ß

Preise 1451–1863:

Waren	Menge	1451-1545	1546-1572	1572-1622	1622-1775	1776-1793	1794-1818	1819-1838	1839-1853	1854-1863
Weizen	rd. 110 kg	12 ß	73 ß	6 M 8 ß	9 M	12 M 4 ß	19 M 2 ß	10 M 5 ß	14 M 4 ß	18 M 12 ß
Roggen	rd. 100 kg	15 ß	53 ß	4 M 8 ß	6 M 8 ß	7 M 8 ß	13 M 12 ß	7 M 12 ß	11 M	14 M 12 ß
Gerste	rd. 100 kg	13 ß	36 ß	3 M 8 ß	5 M 5 ß	7 M 4 ß	11 M	6 M 11 ß	9 M 7 ß	13 M
Hafer	rd 100 kg	9 ß	21 ß	3 M	4 M 4 ß	7 M	10 M 3 ß	6 M 13 ß	9 M 4 ß	12 M 11 ß
Arbeits-pferde	1	8 M	17 M	30 M	48 M	21 Rtlr	41 Rtlr	48 Rtlr	66 Rtlr	122 Rtlr
Ochsen	1 (300 kg)[1]	4 M 8 ß	16 M 12 ß	14 M	45 M	9 Rtlr	22 Rtlr	19 Rtlr	33 Rtlr	62Rtlr 32 ß
Kühe	1	41 ß	8 M	12 M	24 M	11,75 Rtlr	14 Rtlr 19 ß	13,75 Rtlr	22 Rtlr	412 Rtlr 20ß
Schweine	1 (32 kg)[1]	19 ß	3 M 8 ß	4 M	7 M 8 ß	12 M 10 ß[2]	17 M[2]	22 M[2]	31 M[2]	57 M[2]
Schafe	1 (30 kg)[1]	8 ß	1 M	2 M	3 M	4 M	3 M	2 M 8 ß	5 M	13 M 4 ß
Lämmer	1 (18 kg)	4,5 ß	8 ß	1 M	1 M 12 ß	2 M 8 ß	3 M	2 M	4 M	10 M
Gänse	1 (4,5 kg)	20 d	3 ß	6 ß	12,5 ß	12 ß	27 ß	20 ß	34 ß	37,5 ß
Hühner	1 (1,3 kg)	6 d	1 ß	1,5 ß	4,5 ß	4 ß	6,5 ß	5 ß	5 ß	8,5 ß
Eier	20 Stück	5 d	10 d	15 d	4 ß	5 ß	11 ß	6 ß	6 ß	10 ß
Butter	470 g	8 d	18 d	30 d	4 ß	5,5 ß	8,2 ß	5,6 ß	6,8 ß	6,6 ß
Schuhe[3]	1 Paar	4,5 ß	9,5 ß	11 ß	32 ß	3 M	6 M	4 M	3 M	5 M
Stiefel	1 Paar	15 ß	31 ß	44 ß	7 M	8 M	10 M 6 ß	8 M	8 M	11 M

1) Lebendgewicht
2) rd. 100 kg Lebendgewicht
3) Durchschnitt der Preise für Männer- und Frauenschuhe

Deutschland

Entwicklung der Löhne und Preise zwischen 1500 und 1790 (1700 = 100):

Jahr	Löhne	Roggen	Rindfleisch	Baumaterialien
1500	80	119	96	94
1530	100	140	112	110
1560	115	165	118	125
1590	122	160	120	135
1620	120	120	112	142
1650	121	90	100	128
1660	122	75	95	125
1670	118	72	90	118
1680	110	85	95	110
1690	103	90	98	100
1700	100	100	100	100
1710	98	85	100	95
1720	99	90	105	92
1730	99	95	110	99
1740	100	100	115	100
1750	100	108	118	105
1760	98	110	112	100
1770	95	110	112	100
1780	100	115	110	100
1790	105	135	122	105

Augsburg, München, Würzburg

Höchste kontinuierlich gezahlte Löhne in Denaren (d) zwischen 1617 bis 1800:

Ort	Beruf	1617–1651	1652–1712	1713–1754	ab 1755
Augsburg	Recher	10,5–17,5 d[1)]	17,5 d[1)]	42 d	-
	Schnitter	24,5–42 d[1)]	42 d[2)]	70 d	-
	Drescher	14–17,5 d[1)]	17,5 d[1)]	-	-
	Mörtelrührer	28–56 d	56–84 d	70–84 d	70–84 d (bis 1766)
	Maurergesellen	70–84 d	84–91 d	105 d	105–126 (bis 1807)
	Zimmergesellen (Winterlöhne)	52–63 d[2)]	63 d[2)]	63–91 d	91–112 (bis 1806)
München	Heuer	35 d (1651)	35–42 d	42 d	42–70 d (bis 1772)
	Strohschneider	70 d	63 d	–	-
	Mörtelrührer	38–49 d	56 d	56 d	70 d (bis 1772)
	Zimmergesellen Sommerlohn Winterlohn	56–70 d 52,5–63 d	63 d 56 d	63–70 d 56 d	(bis 1765) 70 d 56 d
Würzburg	Ungel. Arbeiter im Steinbruch	–	33,5 d	28–33,5 d	33,5–45 (bis 1802)
	Erdarbeiter	28–33,5 d	33,5 d	33,5 d	33,5 d (bis 1794)
	Ladearbeiter	28–33,5 d	33,5 d	33,5 d	–
	Frauen	17–18 d	18–28 d	28 d	-

1) mit Kost 2) vermutlich mit Kost

Da die Jahre der Änderung des Lohnniveaus bei den einzelnen Arbeitergruppen nicht dieselben sind, wurde versucht, die häufigsten Änderungsperioden zu ermitteln. Die am Kopf der Tabelle aufgeführten Jahre sind die mittleren Jahre der gemeinsamen Änderungsperiode. Stehen in einer Spalte zwei Löhne, so traten in dieser Periode zwei Löhne nacheinander auf.

Augsburg

Preise in Denaren (d) wichtiger Waren zwischen 1621 und 1820:

Ware	Maßeinheit	1621	1671	1782	1820
Weizen	1 Schaff (= 205,3 l)	-	1016 d (1686)	2204 d	2640 d
Roggen	1 Schaff (= 205,3 l)	1807 d	440 d	1444 d	1570 d
Gerste	1 Schaff (= 205,3 l)	1427 d	472 d	1399 d	1323 d
Hafer	1 Schaff (= 205,3 l)	952 d	294 d	898 d	946 d
Erbsen	1 Schaff (= 205,3 l)	1903 d	1018 d	1580 d	1686 d (1801–05)
Rindfleisch	1 Pfund (= 472,4 g)	15,7 d	13,5 d	24,5 d (1791-94)	33,2 d
Milch	1 Maß (= 1,18 l)	3,16 d	3,5 d (1669)	-	-
Schmalz	1 Pfund (= 472,4 g)	50,4 d	23,6 d	47,1 d (1749-53)	-
Karpfen	1 Pfund (= 472,4 g)	42,8 d	27 d	-	-
Pfeffer	1 Pfund (= 472,4 g)	221 d	88 d	229 d	-
Honig	1 Maß (= 1,18 l)	111 d	65 d	-	-
Salz in Scheiben	1 Scheibe	911 d	600 d	924 (1753)	-
Bier (weißes)	1 Maß (= 1,43 l)	-	126 d	128 d (1793)	272 d
Unschlitt	1 Pfund (= 472,4 g)	33,4 d	16,5 d	-	70 (1801–05)
Leinöl	1 Pfund (= 472,4 g)	24,5 d	14,7 d	50 d	78,3 (1802–05)
Flachs	1 Pfund (= 472,4 g)	43,8 d	34 d	48,3 d	54,2 (1801–05)
Zwillich	1 Elle (= 58,65 cm)	28,8 d	19,9 d	31,5 d	56 d (1801–05)
Kalk	1 Metze (= 25,7 l)	36,7 d (1620-23)	49,1 d	69 d	84.5 d (1802–06)
Mauerziegel	1000 Stück	140 d	224 d (1666-79)	337 d	-
Schreibpapier	1 Ries (= 400 Bogen)	315 d	338 d	630 d	-

Die Jahreszahl am Kopf der Spalte bezeichnet das mittelste Jahr eines Zeitraums folgender Jahre: 1619–21, 1623, 1624; 1669–73; 1780–84; 1818–20. So steht z.B. das Jahr 1671 für den Durchschnitt der Preise der Jahre 1669–73. Der Durchschnitt aus der Zeit um 1621 bezieht sich nicht auf fünf aufeinanderfolgende Jahre, weil das Hauptkipperjahr 1622 ausgeschaltet wurde. Die eingeklammerten Jahreszahlen bedeuten, dass sich der Preis in dieser Spalte auf die Jahre in der Klammer bezieht, weil die für die im Kopf aufgeführten Jahre keine Preise bekannt sind.

Postentgelte für einen Standardbrief von 20 g (1872 bis 15 g) und eine Postkarte von 1872 bis 1997 (Angaben in Pfg der jeweiligen Währung), wobei es ab 1963 keinen Unterschied zwischen Orts- und Fernbeförderung gab:

Gültig ab	Brief		Postkarte	
	Ort	Fern	Ort	Fern
01.01.1872	10	10	2	5
01.01.1876	10	10	2	5
01.08.1906	5	10	5	5
01.08.1916	7,5	15	7,5	7,5
01.10.1918	10	15	7,5	10
01.10.1919	15	20	10	15
06.05.1920	30	40	30	30
01.04.1921	40	60	30	40
01.01.1922	125	200	75	125
01.07.1922	100	300	75	150
1923 Inflation				
01.01.1924	5	10	3	5
01.08.1927	8	15	5	8
15.01.1932	8	12	5	6
01.03.1946	16	24	10	12
01.09.1948	10	20	8	10
01.03.1963	20	20	15	15
01.04.1966	30	30	20	20
01.07.1972	40	40	30	30
01.07.1974	50	50	40	40
01.01.1979	60	60	50	50
01.07.1982	80	80	60	60
01.04.1989	100	100	60	60
01.07.1991	100	100	80	80
01.09.1997	110	110	100	100

Übersicht der Nahrungsmittelpreise von 1800 bis 1880 und der Verbraucherpreise von 1881 bis 1945 im Deutschen Reich und bis 1973 in der Bundesrepublik Deutschland

Die Entwicklung der Wirtschaft hat besonders seit der Mitte des 19. Jahrhunderts auch in Zeiten stabilen Geldwesens zu langfristig steigenden Preisen und Löhnen geführt. Die methodischen und Quellenschwierigkeiten für die Erarbeitung von Entwicklungslinien für die Preisgeschichte sind groß. Zur Übersicht der Preisentwicklungen seit 1800 hat das Statistische Bundesamt Preisindizes zusammengestellt, denen verschiedenartige Ermittlungsmethoden zugrunde liegen. Sie wurden den Angaben des Statistischen Bundesamts entnommen und aus Arbeiten verschiedener Autoren über Indexberechnungen ermittelt. Ab 1914 liegen dann amtliche Statistiken über die Preisentwicklung in den wichtigsten Teilbereichen der Lebenshaltung vor. Auch wenn diese Statistiken in den Bezugsgrundlagen (Haushaltstyp, Gebietstand, unterschiedliche „Warenkörbe") nur bedingt vergleichbar sind, bieten sie doch die einzige Möglichkeit, wenigstens eine behelfsmäßige durchlaufende Reihe zu bilden. Als Bezugspunkte bzw. Basisjahre wurden die Vorkriegsjahre 1913 und - ab 1924 - auch 1938 gewählt; die Inflationsjahre 1922 und 1923 blieben unberücksichtigt.

Jahr	Index 1913/14 = 100	Jahr	Index 1913/14 = 100	Jahr	Index 1913/14 = 100
1800	52	1850	37	1900	78
1801	54	1851	43	1901	79
1802	54	1852	50	1902	80
1803	56	1853	56	1903	80
1804	53	1854	66	1904	81
1805	64	1855	71	1905	85
1806	66	1856	70	1906	88
1807	60	1857	57	1907	89
1808	61	1858	54	1908	90
1809	53	1859	54	1909	92
1810	45	1860	57	1910	93
1811	41	1861	61	1911	96
1812	50	1862	61	1912	102
1813	47	1863	55	1913	100
1814	47	1864	52	1914	100
1815	49	1865	53	1915	135
1816	54	1866	58	1916	180
1817	70	1867	69	1917	225
1818	59	1868	70	1918	310
1819	48	1869	63	1919	490
1820	40	1870	64	1920	1044
1821	35	1871	69	1921	1337
1822	35	1872	72	1922	–
1823	36	1873	78	1923	–
1824	27	1874	81		
1825	27	1875	72		
1826	30	1876	74		
1827	36	1877	75		
1828	37	1878	71		
1829	37	1879	68		
1830	39	1880	73		
1831	45	1881	74		
1832	43	1882	73		
1833	40	1883	74		
1834	34	1884	72		
1835	35	1885	74		
1836	34	1886	75		
1837	35	1887	75		
1838	40	1888	75		
1839	42	1889	78		
1840	41	1890	80		
1841	39	1891	81		
1842	43	1892	81		
1843	45	1893	78		
1844	40	1894	77		
1845	44	1895	76		
1846	54	1896	75		
1847	65	1897	76		
1848	43	1898	79		
1849	38	1899	78		

Jahr	Index 1913/14 = 100	Index 1938 = 100
1924	130,8	104,1
1925	141,8	112,9
1926	142,1	113,1
1927	147,9	117,8
1928	151,7	120,8
1929	154,0	122,6
1930	148,1	117,9
1931	136,1	108,4
1932	120,6	96,0
1933	118,0	93,9
1934	121,1	96,4
1935	123,0	97,9
1936	124,5	99,1
1937	125,1	99,6
1938	125,6	100,0
1939	126,2	100,5
1940	130,1	103,6
1941	133,2	106,1
1942	136,6	108,8
1943	138,5	110,3
1944	141,4	122,6
1945	145,0	115,0
1946	158,0	126,0
1947	169,0	134,0
1948 (1.Hj.)	178,0	142.0
1948 (2.Hj.)	211,4	168,3
1949	208,9	166,3
1950	195,7	155,8
1951	211,0	168,0
1952	215,5	171,5
1953	211,5	168,4
1954	211,9	168,7
1955	215,4	171,5
1956	221,1	176,0
1957	225,5	179,5
1958	230,4	183,4
1959	232,6	185,2
1960	236,0	187,9
1961	241,5	192,3
1962	248,6	198,0
1963	256,2	204,0
1964	262,1	208,7
1965	271,0	215,8
1966	280,5	223,4
1967	284,5	226,5
1968	288,3	229,5
1969	294,1	234,2
1970	303,5	241,7
1971	319,0	254,0
1972	336,0	267,6
1973	358,8	285,8

Die Preisentwicklung 1881 bis 2001 (1995 = 100)

Für nachfolgende Tabelle wird die Entwicklung der Verbraucherpreise ab 1881 für Deutschland in den unterschiedlichen Gebietsständen dargestellt. Für die Zeit von 1881 bis 1913 sind Berechnungen von Autoren ausgewertet worden. In den Jahren 1914 bis 1923 wurde die Preisentwicklung in den wichtigsten Teilbereichen der Lebenshaltung durch die amtliche Statistik beobachtet. Indizes, welche die Verbraucherpreisentwicklung in allen Bereichen der Lebenshaltung in Deutschland aufzeigen, werden in Deutschland seit 1924 berechnet. Von 1924 bis 1944 veröffentlichte das Statistische Reichsamt die „Reichsindexziffer für die Lebenshaltungskosten". Ab 1945 werden verschiedene Preisindizes für die Lebenshaltung vom Statistischen Bundesamt bzw. dessen Vorgängerorganisation berechnet. Der Reihe liegen von 1945 bis 1961 der „Preisindex für die Lebenshaltung von 4-Personen-Haushalten von Arbeitern und Angestellten mit mittlerem Einkommen" zugrunde. Ab 1962 ist der „Preisindex für die Lebenshaltung aller privaten Haushalte" in den jeweiligen Gebietsständen maßgeblich, der seither bereits mehrmals den Veränderungen in der Verbrauchsstruktur angepasst wurde. Alle vorgenannten Indexreihen sind in methodischer Hinsicht in ihren Bezugsgrundlagen (Haushaltstyp, Gebietsstand) unterschiedlich. Sie sind deswegen streng genommen nicht miteinander vergleichbar. Da sie aber die einzige Möglichkeit bietet, die Entwicklung der Verbraucherpreise seit dem Ende des 19. Jahrhunderts zu verfolgen, sind sie behelfsweise zu einer durchlaufenden Reihe verbunden worden. Diese setzt sich aus folgenden Abschnitten zusammen:

1881–1913: Durchschnitt aus 10 Indexziffern verschiedener Autoren: nur Ernährung.

1914–1919: Durchschnitt aus den Gütergruppen Ernährung, Wohnung, Hausrat und Bekleidung.

1920–1921: Durchschnitt aus den Gütergruppen Ernährung, Wohnung, Heizung, Beleuchtung und Bekleidung.

1924–1944: „Reichsindexziffer für die Lebenshaltungskosten" einer fünfköpfigen Arbeiterfamilie nach den Verbrauchsverhältnissen von 1934 im Reichsgebiet (jeweiliger Gebietsstand).

1945–1961: „Preisindex für die Lebenshaltung von 4-Personen-Haushalten von Arbeitern und Angestellten mit mittlerem Einkommen" für die Bundesrepublik Deutschland nach dem jeweiligen Gebietsstand vor dem 03.10.1990; sie schließen Berlin (West) ein.

1962–1994: „Preisindex für die Lebenshaltung aller privaten Haushalte" für die Bundesrepublik Deutschland nach dem jeweiligen Gebietsstand vor dem 03.10.1990; sie schließen Berlin (West) ein.

Ab 1995: „Preisindex für die Lebenshaltung aller privaten Haushalte“ für die Bundesrepublik Deutschland nach dem Gebietsstand 03.10. 1990.

Für die Jahre 1922 und 1923 erschien eine Berechnung wegen der sprunghaften Geldentwertung in dieser Zeit nicht angebracht.

Jahr	Index 1995 = 100	Jahr	Index 1995 = 100	Jahr	Index 1995 = 100
1881	9,9	1921	178,4	1961	32,2
1882	9,7	1922	–	1962	33,0
1883	9,9	1923	–	1963	34,0
1884	9,6	1924	17,5	1964	34,8
1885	9,9	1925	19,0	1965	35,9
1886	10,0	1926	19,0	1966	37,1
1887	10,0	1927	19,7	1967	37,8
1888	10,0	1928	20,3	1968	38,4
1889	10,4	1929	20,5	1969	39,1
1890	10,7	1930	19,7	1970	40,5
1891	10,8	1931	18,2	1971	42,6
1892	10,8	1932	16,1	1972	44,9
1893	10,4	1933	15,7	1973	48,1
1894	10,3	1934	16,1	1974	51,4
1895	10,2	1935	16,4	1975	54,5
1896	10,0	1936	16,6	1976	56,8
1897	10,2	1937	16,7	1977	58,9
1898	10,5	1938	16,8	1978	60,5
1899	10,4	1939	16,8	1979	63,0
1900	10,4	1940	17,4	1980	66,4
1901	10,5	1941	17,8	1981	70,6
1902	10,7	1942	18,2	1982	74,3
1903	10,7	1943	18,5	1983	76,7
1904	10,8	1944	18,9	1984	78,6
1905	11,3	1945	19,3	1985	80,2
1906	11,8	1946	21,1	1986	80,1
1907	11,8	1947	22,5	1987	80,3
1908	12,0	1948 1.Hj.	23,8	1988	81,3
1909	12,3	1948 2.Hj.	28,3	1989	83,6
1910	12,4	1949	27,9	1990	85,8
1911	12,8	1950	26,1	1991	89,0
1912	13,6	1951	28,1	1992	92,5
1913	13,3	1952	28,7	1993	95,8
1914	13,3	1953	28,2	1994	98,4
1915	18,0	1954	28,3	1995	100,0
1916	24,0	1955	28,7	1996	101,4
1917	30,0	1956	29,4	1997	103,3
1918	41,3	1957	30,0	1998	104,3
1919	65,4	1958	30,7	1999	104,9
1920	139,2	1959	30,9	2000	106,9
		1960	31,4	2001	109,6

Einige Quellen- und Literaturhinweise

BOLEY, Karl H.	*Münzen, Währungen und Kaufkraft aus vier Jahrtausenden,* in: Mitteilungen der Westdeutschen Gesellschaft für Familienkunde 33, 1987, 3, S. 57–66
DIESBACH, Alfred	*Die Fahrpost- und Briefposttarife im badischen Seekreis und ihre Beziehung zu den Einkommensverhältnissen im 4. Jahrzehnt des 19. Jahrhunderts,* in: Archiv für Deutsche Postgeschichte, 1975, H. 2
DIRLMEIER, Ulf	*Untersuchungen zu Einkommensverhältnissen und Lebenshaltungskosten in oberdeutschen Städten des Spätmittelalters,* Heidelberg 1978
EBELING, Dietrich und IRSIGLER, Franz	*Zur Entwicklung von Agrar- und Lebensmittelpreisen in der vorindustriellen und der industriellen Zeit – Beobachtungen am rheinischen Beispiel,* in: Archiv für Sozialgeschichte 19, 1979, S. 299–329
ELSAS, Moritz John	*Umriß einer Geschichte der Preise und Löhne in Deutschland,* 2 Bde., Leiden 1936 und 1940
FÜRST, Gerhard	Messung der Kaufkraft des Geldes, Göttingen 1976
GAETTENS, Richard	*Inflationen, Das Drama der Geldentwertung vom Altertum bis zur Gegenwart,* München 1955
HIEKE, Karl	*Der Landarzt und Arzneimittelfabrikant Johann Andreas Eisenbarth (1663–1727), dargestellt anhand seiner Werbemittel und anderer zeitgenössischer Quellen,* Sprockhövel 2002
JACOBS, Alfred	*Preis, Preisgeschichte,* in: Handwörterbuch der Sozialwissenschaften Bd. 8, Stuttgart 1964, S. 459–476
LORY, Karl	*Lebensmittelpreise durch dritthalb Jahrhunderte (nach Angaben der Kulmbacher Ratsprotokolle),* in: Forschungen zur Geschichte Bayerns 8, 1900, S. 292–301
METZ, Rainer	*Geld, Währung und Preisentwicklung – Der Niederrheinraum im Vergleich 1350–1800,* Frankfurt/Main 1990
PIERENKÄMPER, Toni (Hrsg.)	*Haushalt und Verbrauch in historischer Perspektive – Zum Wandel des privaten Verbrauchs in Deutschland im 19. und 20. Jhdt.,* St. Katharinen 1987
RITTMANN, Herbert	*Deutsche Münz- und Geldgeschichte der Neuzeit bis 1914,* Solingen 2003 (mit ausführlichen Literaturangaben)
SPRENGER, Bernd	*Preisindizes unter besonderer Berücksichtigung verschiedener Münzsorten als Bezugsgrößen für das 16. und 17. Jahrhundert, dargestellt anhand von Getreidepreisen,* in: Scripta Mercaturae 1, 1977, S. 57–72

Statistisches Bundesamt *Preisindizes des 19. und 20. Jahrhunderts,*
D-65180 Wiesbaden,
email: info@destatis.de – Info: www.destatis.de

Stromer, Ulman *Püchel von mein geslecht und von abentewr,*
Faksimile-Ausgabe und Kommentarband, Bonn 1990

Trapp, Wolfgang *Kleines Handbuch der Münzkunde und des Geldwesens in Deutschland,*
Stuttgart 1999 (mit ausführlichen Literaturangaben)

Voigtlaender, Heinz *Löhne und Preise in vier Jahrtausenden*
[Schriftenreihe der numismatischen Gesellschaft Speyer Bd. 35],
Speyer 1994 (mit ausführlichen Literaturangaben)

Waschinski, E. *Währung, Preisentwicklung und Kaufkraft des Geldes in Schleswig-Holstein von 1226 bis 1864,*
2 Bde., Neumünster 1952 und 1959

Winkelmann, Peter *Gesundheitswesen, Gesundheitsverhältnisse und medizinische Versorgung in der kurtrierischen Amtsstadt Oberwesel im 17. und 18. Jahrhundert*
Sprockhövel 2001

Recherchieren Sie im Internet (z.B. über die Suchmaschine www.google.de) und geben Sie die Suchbegriffe *Löhne* und *Preise, Kosten* und *Kaufkraft* ein.

Quellen zu Löhnen und Preisen in bestimmten deutschen Fürstentümern oder Reichsstädten finden Sie in den jeweiligen Landesarchiven; Adressen und Öffnungszeiten sind abgedruckt bei

Pies, Eike: *Aktuelle Adressen und Informationen für Familienforscher,*
Solingen (aktuelle Ausgabe mit jährlichen Ergänzungen)

Unsere Reihe „Quellen zur Familienforschung“

Bd. 2.1 Eike Pies
Scharfrichter- und Schindersippen
Geschichte einer „unehrlichen“ Berufsgruppe vom 16. bis zum 18. Jahrhundert, dargestellt am Beispiel des ehemaligen Kurfürstentums und Erzstifts Trier sowie in den angrenzenden Herrschaften
2. Auflage, 148 S. mit 23 zeitgenössischen Abb. und 2 Karten, € 24,60
ISBN 978-3-930132-16-4

Bd 3 Eike Pies
Löhne und Preise von 1300 bis 2000
Abhängigkeit und Entwicklung über 7 Jahrhunderte
7. Auflage, 120 S., € 18,35
ISBN 978-3-930132-23-2

Bd. 4 Christoph Weigel
Das Ständebuch
212 Kupferstiche von Berufsbildern der Ausgabe Regensburg 1698
nach dem Original in der Universitäts- und Landesbibliothek Bonn
236 S. mit 212 Abbildungen, € 19,95
ISBN 978-3-930132-26-3

Verlag Ekkehard & Ulrich Brockhaus GmbH & Co. KG
Am Wolfshahn 31 • D-42117 Wuppertal
Tel. (02 02) 44 74 74 und (01 72) 2 55 59 61 – Fax (02 02) 42 82 82
www.verlag-brockhaus.de • mail@verlag-brockhaus.de

Unsere Reihe „Illustrierte Geschichte alter Berufe"

hrsg. und bearbeitet von Dr. Eike Pies

DIN-A5-Format, Heftpreis € 9,80, Staffelpreise auf Anfrage
Bisher sind folgende Hefte erschienen

1 **Bader und Barbiere, Ärzte und Apotheker**
56 S. mit 41 zeitgenössischen Abbildungen
ISBN 978-3-930132-18-8

2 **Baumeister und Bauhandwerker**
56 S. mit 43 zeitgenössischen Abbildungen
ISBN 978-3-930132-19-5

3 **Müller und Bäcker, Metzger und Köche**
56 S. mit 41 zeitgenössischen Abbildungen
ISBN 978-3-87947-20-1

4 **Die Weiße und die Schwarze Kunst – Berufe rund ums Buch**
56 S. mit 38 zeitgenössischen Abbildungen
ISBN 978-3-930132-21-8

Weitere Hefte in Vorbereitung

Unsere Bücher zur Kulturgeschichte

Eike Pies
Pillen, Pulver und Tinkturen
Kleine Kulturgeschichte des ärztlichen Rezeptes
240 Seiten mit 87 Abbildungen, Hardcover, € 15,25
ISBN 978-3-930132-04-1

Eike Pies
Der Mordfall Descartes
Dokumente – Indizien – Beweise
Bibliophile Erstausgabe, 150 S. mit 28 Abb., Hardcover, € 23,50
ISBN 978-3-930132-05-8
„Eine der interessantesten Kriminalfälle der Geschichte"
(DER SPIEGEL)

Eike Pies
Eisenbarth
Das Ende einer Legende – Leben und Wirken des genialen Chirurgen, weit gereisten Landarztes und ersten deutschen Arzneimittelfabrikanten Johann Andreas Eisenbarth (1663-1727)
368 S. mit 89Abb., Hardcover, € 22,50
ISBN 978-3-930132-24-9

Eike Pies
Einem hocherfreuten Publikum wird heute präsentiret eine Kleine Chronik des Theaterzettels
2. erw. Aufl. 2000, 88 S. mit 29 Abb. alter Theaterzettel, japan. Bindung, Hardcover, € 15,25
ISBN 978-3-930132-13-3

Eike Pies
Grenzenlos
gruppe rbk – Kunst und Künstler 1946–1996
138 S. mit 166, z.T. farbigen Abb., Hardcover, € 15,25
ISBN 978-3-930132-06-5

Verlag Ekkehard & Ulrich Brockhaus GmbH & Co. KG
Am Wolfshahn 31 • D-42117 Wuppertal
Tel. (02 02) 44 74 74 und (01 72) 2 55 59 61 – Fax (02 02) 42 82 82
www.verlag-brockhaus.de • mail@verlag-brockhaus.de

Der Pies hilft in Knochen,
die Pies in den Wochen
Eine sprichwörtliche Familie im Spiegel der Literatur
E&U B